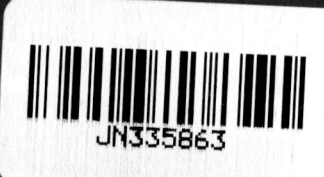

山本麗子印の野菜で満腹！

山本麗子

集英社

contents

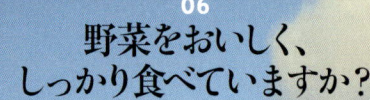

ささっと作れる！野菜のおかず

ボリュームありのドカンおかず

野菜と味わう絶品中華

男子も喜ぶガッツリ系ごちそうレシピ

まったなしのご飯物・麺物

この本の表記について

計量の単位は、
1カップは200mℓ（＝cc)、
大さじ1は15mℓ（＝cc)、
小さじ1は5mℓ（＝cc）です。

電子レンジは600Wのものを
使用しました。

お料理メモ

contents

野菜をおいしく、
しっかり食べていますか？

近年とみに野菜のチカラを感じます。フレンチや中華をガンガン食べていた20代、30代、40代……。自分で作る料理もコテコテ全開だったあの時代でさえも、野菜は好きでした。でも今とは比較になりません。野菜ありきの毎日ですから。

信州に越してきた1994年からの1年は忘れられません。朝起きて玄関を開けると、そこにはとりたての泥つき野菜があってびっくり。近くに住む方々からの届け物でした。食べてまたびっくり。「なんておいしいの！」。庭作りはここに来た目的のひとつでしたが、はなから考えてもいなかった野菜作りをしてみようと思ったのは、それがきっかけでした。

今では1年を通して20種類以上もの野菜がとれるようになりましたが、同じ時期にとれる種類は限られます。だから、今とれる野菜をどう食べるか、戦いの日々でもあります。でもそれは嬉しい戦い。どう食べても野菜はおいしいからです。しかも飽きない。体調のよさも実感します。

スタッフと囲むうちのおかずは、主菜と副菜の境があまりありません。魚や肉がそれだけ、ということはまずなくて、必ず野菜を一緒に料理するか、またはたっぷり添えるかのいずれかだからです。それ以外にも野菜の小さなおかずが何品か並びます。さっとゆでてドレッシングや割りじょうゆであえただけ、ざっと炒めただけのものだったり、作りおきの常備菜だったりもします。シンプルなものが多いのですが、意外にリクエストが多く、何度も繰り返し作り続けています。

外で食べることはとても楽しいことだし、レストランや料理店でなければ食べられないものもあります。でも毎日食べて飽きないのはやっぱり家のごはん。肩の力を抜いて作れるおかずです。その立役者は野菜！ 「野菜料理は簡単、大好き」と、作って食べていただけたら、そんな思いを込めた私の定番レシピを紹介します。

SweetHeart

「ズッキーニはこれくらいの大きさでとりたい！」３～４日遅れると 50 ～ 60㎝長さ、直径 20㎝くらいに育ってしまう。麦わら帽子と長そでは日射しの強烈な夏の畑仕事の必須アイテム。

大忙しの夏
収穫に追われ、
料理作りが間に合わない！

夏の朝は早く、収穫を待つ野菜にせかされるように畑へ出ます。大小のトマト、なす、きゅうり、いんげん、ピーマン、しし唐、ズッキーニ……、ひと回りする頃にはカゴがいっぱい！
春に苗を植えたトマトはたわわに実り、真っ赤に熟して、とってくださいといわんばかり。ちょっと曲がったきゅうりやピーマンもみずみずしく、その場でかじりたくなるほど。夏の野菜は熟れだすと次から次へきりがないので、とり頃を逃さないよう追われることしきり。ズッキーニなどは、ちょっと目を離すとお化けのようにデカくなり、切るだけで大変です。多種類を混植したレタス類の畝はサラダの泉。オリーブ油と塩だけで極上の一皿になります。

夏の恵みのごはん

最盛期には、一日に何度もとれる成長の早い夏野菜。スタッフと食べる昼ごはんの主役となります。必要に迫られ生まれた、簡単で味よし！のおかずの数々は、いつしかうちの定番となり、お客さまにも喜ばれる1品に昇格。太陽をたっぷりあびて育った野菜は、この季節にしか味わえません。だから慈しみ、感謝していただいています。

トマトトーストから始まる夏の朝

夏は昔からとれたての完熟トマトをのせたトーストで朝食。パンをトーストしてバターを塗り、輪切りにしたトマトをのせて塩と粒こしょうをひきかけるだけ。トマトは完熟でなければダメで、パンの厚さと同じ厚みに切るのがポイント。

トマトでゼリー！

素晴らしいデザート。ぜひ試してみてください！

4人分

1 トマト2個は湯むきして2㎝角に切る。
2 鍋に水20㎖と砂糖200g、バニラビーンズ1/4本分を入れて火にかけ、砂糖が溶けたら、ゼラチン18gをふやかして加え、煮溶かす。
3 ボウルに1と2を合わせ、水400㎖、レモン汁とブランデー各大さじ2を加え、氷水に当てながら冷やし混ぜる。とろりとしてきたら型に流し、冷蔵庫で冷やし固める。

野菜のおかずだけの昼ごはん

休みの日はあっという間に時間がたち、もうお昼時！　自前の野菜で簡単ながらホッとする昼の献立。きゅうりの佃煮は意表を突いた常備菜、数日前に作っておいたもの。味のしみにくいモロッコいんげんはなすと一緒に煮浸しに。次から次にとれるしし唐はちりめんじゃこと炒め合わせただけ（作り方 P.21）。あとは焼きなすの香ばしいみそ汁。ご飯が進み過ぎます。

きゅうりの佃煮

作りやすい分量

1 きゅうり1kgは1cm幅の輪切りにする。

2 鍋にしょうゆとみりん各150g、砂糖60g、酢大さじ1、赤唐がらしの小口切り2～3本分、しょうがのせん切り1/2かけ分を入れて火にかける。煮立ったら1を入れてよく混ぜ、ふつふつしてきたら火を止める。冷めたらきゅうりを取り出す。煮汁を2/3くらいまで煮詰めたらきゅうりを戻し、ひと煮して火を止める。冷めたら保存容器にきゅうりと煮汁少量を入れて保存。

焼きなすのみそ汁

1人分

1 なす1本は縦半分に切り、1cm幅の斜め切りにし、油を熱したフライパンで焼き色がつくまで焼く。

2 鍋に熱湯180mℓ、削り節粉（P.19）小さじ1 1/2、みそ小さじ2強を入れて煮立て、1を加えて火を止め、みょうがの小口切り少々を散らす。

なすとモロッコいんげんの煮浸し

4人分

1 なす6本は縦半分に切り、5mm幅の切り込みを数か所入れる。モロッコいんげんは長さを半分に切る。

2 だし2カップ、しょうゆ大さじ1、塩・砂糖各小さじ1/2、酒大さじ2を合わせる。

3 鍋にごま油大さじ2を熱し、赤唐がらしの小口切り1本分、なすを入れて炒める。いんげんと2を加え、約15分、なすが柔らかくなるまで煮る。

あっさりのズッキーニを チーズ焼きに

かぼちゃの仲間ですが水分があり、淡白な野菜。油脂とよく合うので、ぶっかけうどんの時には精進揚げにしたり。オリーブ油をまぶしてからチーズをのせてグラタン風に焼くのも意外にイケます。

4人分

ズッキーニ2本はマッチ棒くらいの太さの細切りにしてボウルに入れ、オリーブ油大さじ1強と塩小さじ1/3をふり入れて混ぜ合わせる。耐熱容器に入れ、ピザ用チーズ100gをのせて230℃のオーブンで10〜15分、おいしそうな焼き目がつくまで焼く。

ねっとりの白土《はくど》じゃがいもの チーズ焼き

地元特産の白土じゃがいもは男爵系なのにねっとりとした食感が特徴。チーズをたっぷり使ってハッシュドポテト風にフライパンで焼きます。男爵でも美味。

4人分

1 じゃがいも4個は皮をむいて薄切りにし、電子レンジで7〜8分加熱する。
2 牛乳1/2カップに塩小さじ1を合わせる。
3 フライパンにバター15gを溶かし、2の1/2量を入れて1を広げる。上にバター15gと残りの2を加え、時々混ぜながら煮て焼きつける。水分がなくなったらふたをし、弱火で3分ほど火を通す。4 別のフライパンにすりおろしたグリュイエールチーズかピザ用チーズ100gを敷いて弱火にかけ、3をのせ、チーズが溶けたらひっくり返して器に盛る。

夏野菜でジューシーなのにドライカレー

この野菜じゃなければダメということはなく、夏野菜ならほとんどOK。汁けがあるのに「ドライカレー」？　なぜかひき肉が入るカレーは、私の中でイメージ的にドライカレーなんです！

4人分

1 玉ねぎ1個はみじん切りに。なす2本、ズッキーニ1本、しし唐20本は1㎝角くらいに切る。トマト2個は皮をむいて粗みじん切りにする。

2 鍋にサラダ油大さじ1を熱し、にんにく・しょうがのみじん切り各大さじ2を入れて炒め、玉ねぎを加えて炒め合わせる。鶏ひき肉200gを加えて、肉の色が変わってきたらトマトを加える。水1カップ、砕いた固形スープの素1個を加えて少し煮る。

3 フライパンにサラダ油大さじ1を熱し、なす、ズッキーニ、しし唐を入れ、カレー粉大さじ2をふって炒め合わせ、2に加え、塩、こしょうで調味して10分ほど煮る。

夏のホットサラダともいえる ラタトゥイユ

南欧の生活の知恵ともいうべき夏野菜のごった煮。うちでもよく作ります。使う野菜にきまり事はなく、温かくても冷たくても味がよいので、多めに煮ておくと常備菜的な小さなおかずになります。

作りやすい分量

1 なす5本、ズッキーニ3本は1cm幅の半月切りに、トマト5個は2cm角に、ピーマン6個、パプリカ1個は3cm角に、モロッコいんげん200gは4cm長さに切る。

2 鍋にオリーブ油大さじ2を熱し、つぶしたにんにく1かけ分を香りよく炒める。トマトを加えて水分が出てきたらなす、ズッキーニを加え、10分ほど野菜がしんなりするまで煮込む。

3 いんげん、ピーマン、パプリカを入れ、熱湯1カップを加え、塩で調味して火が通るまで煮る。

ささっと作れる! 野菜のおかず

もう1品ほしいかなという時に、
今ある野菜で、あっという間に作れる、
そんな小さなおかずです。
ちょっと多めに作ると常備菜にもなり、
何かと重宝します。

まずは、小さいおかずで ごはんにしましょう！

卵で1品作れば、あとは作りおきできるおかずで。
簡単ながらバランスのよいごはんになります。

じゃがいもの梅煮

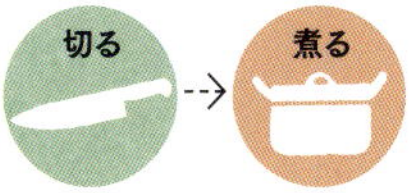

ちぎった梅干しをからめるように煮ます。

材料・4人分

じゃがいも……600g
A ┌ 水……2カップ
　└ 砂糖……大さじ3
梅干し……大2個
しょうゆ……大さじ2

1 じゃがいもは皮をむき、食べやすい大きさに切る。

2 鍋に1とA、梅干しをちぎって種ごと入れ（a）、ふたをして中火で煮る。じゃがいもに竹串を刺してスッと通るまで煮たら、しょうゆを加えて味を調える。

a

だしかけ卵

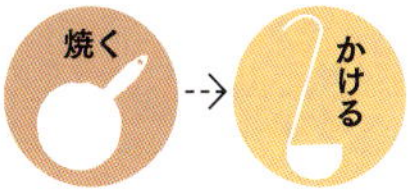

即席だしとたっぷりの大根おろしで味わう卵焼き。

材料・4人分

卵……6個
サラダ油……大さじ2
削り節粉（P.19）……大さじ1
しょうゆ……大さじ1
大根おろし……1カップ
塩……適量

1 卵を溶きほぐし、塩少々を加え混ぜる。

2 フライパンに油を熱し、1を流してざっとかき混ぜながら丸くまとめる。

3 ボウルに熱湯180mℓと削り節粉を入れ、しょうゆ、塩少々で味を調える。

4 器に2を盛り、3をかけて大根おろしをのせる（a）。

a

きのこのり

即席のり佃煮風。湿気たのりでもOK。多めに作って常備菜に。

材料・作りやすい分量

焼きのり……3枚
えのき、なめこ、しめじなどの
　きのこ……合わせて600g
だし（P.99）……300mℓ
A ┌ しょうゆ……大さじ4強
　│ 酒……大さじ2
　└ 砂糖……小さじ1/2

1 鍋にだしを入れて煮立て、のりをちぎって加える。のりが煮溶けたらAを加えて調味する。

2 きのこは2cm長さに切り、1に加えてさっと煮る。

キャベツと豚肉のお浸し

ピーマンのお浸し

キャベツと豚肉のお浸し

ゆでて削り節としょうゆ、酢であえるだけなのに、あと引く味わい。

材料・2人分

キャベツ……1/4 個
豚もも薄切り肉……80g
片栗粉……大さじ 1
削り節……5g
しょうゆ……大さじ 1
酢……大さじ 1 1/2

1 キャベツは食べやすい大きさに切る。
2 豚肉は一口大に切り、片栗粉をまぶす。
3 鍋にたっぷりの湯を沸かし、塩小さじ1（分量外）を入れて 1 をさっとゆで、水けをきってボウルに取る。
4 同じ鍋で 2 をゆで、水けをきって 3 に入れ、削り節、しょうゆ、酢を加えてあえる。

ピーマンのお浸し

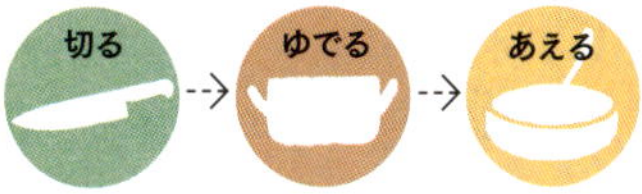

さっとゆでて削り節粉としょうゆであえるだけ。ご飯が進みます。

材料・4人分

ピーマン（小）……12 個
削り節粉（下記）……大さじ 1 弱
しょうゆ……大さじ 1 弱
塩……少々

1 ピーマンは種を取って一口大に切る。
2 鍋にたっぷりの湯を沸かし、塩を加えて 1 を入れ、さっとゆでてボウルに取る。ピーマンが熱いうちに削り節粉をふり、しょうゆを回しかけてあえる。

お料理メモ

削り節粉

直接ふり混ぜる
だけで、
だしに勝る
うまみが出ます。

1

耐熱容器にキッチンペーパーを敷き、削り節を入れて電子レンジで 30 秒加熱する。

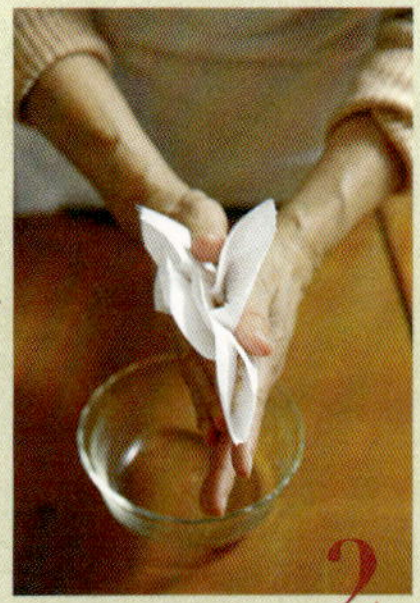

2

削り節がパリッとしたらペーパーの上からもむようにして粉にする。

マグロと長いもの土佐酢

ご飯にかけて食べても美味。

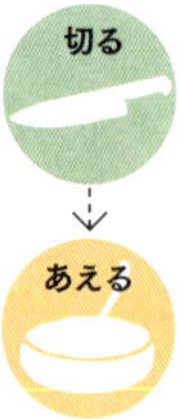

材料・2人分

長いも……100g
マグロ（刺身用）……100g
A　だし（P.99）……大さじ1
　　しょうゆ……大さじ1
　　酢……大さじ1 1/2
　　塩……1つまみ
青のり粉……少々

1 長いもは皮をむき、マグロとともに一口大に切る。

2 Aを合わせて土佐酢を作り、1をあえる。器に盛り、青のり粉を散らす。

セロリとハムの炒め物

野菜炒めの味だしに
何かと重宝するのがハム。
シャキッとセロリを炒めます。

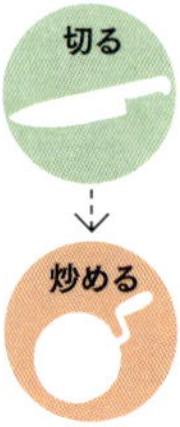

材料・4人分

セロリ……2本
ハム……50g
サラダ油……大さじ1
酒……大さじ1
しょうゆ……大さじ1 1/2
塩・こしょう……各少々

1 セロリは7～8㎜の薄切りにする。

2 ハムは1㎝長さに切る。

3 フライパンに油を熱し、2を炒める。セロリを加えて強火で炒め合わせ、酒、しょうゆ、塩、こしょうで調味する。

しし唐のじゃこ炒め

炒める

**驚くほどたくさんのしし唐がとれる夏の定番。
毎日食べても飽きない1品です。**

材料・4人分

しし唐……200g
ちりめんじゃこ……30g
サラダ油……大さじ２
しょうゆ……大さじ１
酒……大さじ２

1 フライパンに油を熱し、しし唐とじゃこを入れて炒め合わせる。

2 全体に油が回り、じゃこが茶色に色づいてきたらしょうゆ、酒を入れて調味する。

ミニトマトとわかめのサラダ

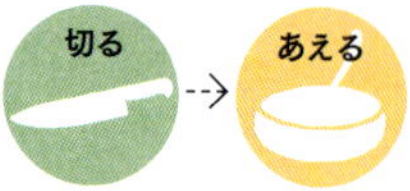

なりは小さいのに味は濃厚なミニトマト。
わかめと一緒にしょうゆとだしをきかせたドレッシングであえます。

材料・4人分

ミニトマト……10 ～ 12個
カットわかめ（乾燥）……15g
ドレッシング
- しょうゆ……大さじ1 1/2
- 酢……大さじ3
- だし（P.99）……1/2カップ
- 塩……小さじ1/2強
- こしょう……少々
- 砂糖……小さじ1/2
- オリーブ油……大さじ2

1 ボウルにドレッシングの材料を全部入れてよく混ぜ合わせる。

2 わかめは水で充分に戻してよく水けをきる。

3 ミニトマトはヘタを除き、1/4 ～ 1/2に切る。

4 2と3を合わせて、1であえる。

ぶどうの房のようなミニトマト。とりたては甘く、陽の香りがする。

辣白菜《ラーパーツァイ》

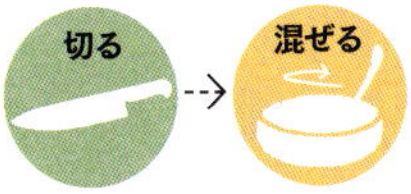

**簡単なのに、花椒《ホワジャオ》を使うと中国風の甘酢漬けに。
たくさん作っておくと常備菜になり、何かと重宝します。**

材料・作りやすい分量

白菜……1/2 株
塩……大さじ 1 弱
A［しょうが（せん切り）……1 かけ分
　 酢・砂糖……各大さじ 5
サラダ油……大さじ 2
赤唐がらし（小口切り）……1 本分
花椒……少々

1 白菜は 5 ～ 6㎝長さの細切りにし、塩をふる。5 ～10 分おいて水 1 カップを加え、しんなりしたら水けをしっかり絞る。
2 1 に A を加えて混ぜる。
3 フライパンに油、赤唐がらし、花椒を入れて火にかける。赤唐がらしが黒くなるまで熱したら 2 にジュッと回しかけて混ぜ、味をなじませる。

オイルサーディンのねぎ炒め

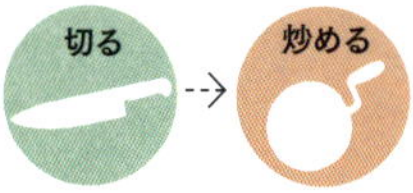

サーディンとねぎを、缶詰の油だけで炒めます。
しょうゆをからませるようにして香りよく仕上げます。
これを食べたくて、サーディンの缶詰を切らさないほど。

材料・２人分

オイルサーディン……１缶
青ねぎ……２本
しょうゆ……大さじ１1/2
しょうが（せん切り）……少々

1 青ねぎは小口切りにする。

2 フライパンにサーディンを油ごと入れて火にかける。

3 油がプチプチしてきたら１を加え（a）、しょうゆを回し入れる。しょうがを散らし入れてさっと炒め合わせる。

たったこれだけの材料が絶品の味を生む。

a

玉ねぎのベーコン炒め

味がよくしみ込むように、
繊維を断つように切るのがコツ。

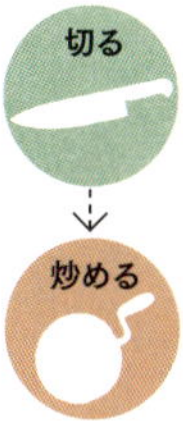

材料・4人分

玉ねぎ……大1個
ベーコン……50g
サラダ油……大さじ1
塩……小さじ1/2
こしょう……少々

1 玉ねぎは縦半分に切り、繊維を断つようにして薄切りにする。
2 ベーコンは細切りにする。
3 フライパンに油を熱し、2を炒める。ベーコンから脂が出てきたら1を加え、塩、こしょう、水50㎖をふり入れ、玉ねぎがしんなりするまで炒め合わせる。

きゅうりのからし漬け

ピリッと辛い即席漬け。
ちょっとオツな1品です。

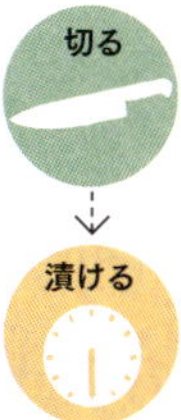

材料・作りやすい分量

きゅうり……4本
A
- 砂糖……80g
- 酒……40㎖
- 塩……15g

和がらし（粉）……15g

1 きゅうりは2㎝幅の輪切りにする。
2 ボウルにAを合わせて1を入れてよく混ぜる。
3 2に和がらしをふり入れて（a）さらによく混ぜ合わせ、保存容器に入れて一晩漬ける。

a

にんじんのサラダ

 高菜炒め

にんじんのサラダ

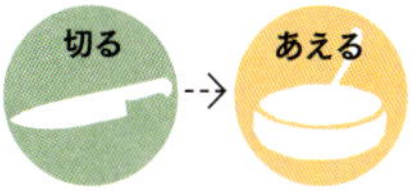

多めに作っておくと何かと重宝する人気のサラダ。
香ばしいくるみと甘酸っぱいレーズンが味をぐんと引き立てます。

材料・4人分

にんじん……1本
くるみ・レーズン……各30g
ドレッシング
- ワインビネガー……大さじ2
- オリーブ油……大さじ3
- 塩……小さじ1/3
- 砂糖・こしょう……各少々

1 にんじんは皮をむき、スライサーでせん切りにする。
2 くるみはフライパンで炒って粗く刻み、レーズンは湯で柔らかく戻す。
3 ドレッシングの材料を混ぜ合わせる。
4 1と2を合わせ、3を加えて（a）あえる。

a

高菜炒め

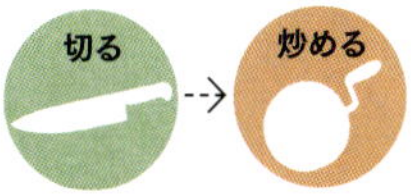

古漬けを香りよく炒め、
赤唐がらしでピリッとしめた常備菜。少量の豚肉でうまみをプラス。
たくさんあって食べきれない漬物も、二度おいしく味わえます。

材料・4人分

高菜漬け……150g
豚バラ薄切り肉……100g
しょうが（みじん切り）
……小さじ1
赤唐がらし（小口切り）
……1～2本分
炒り白ごま……大さじ2
紹興酒（酒でも）……大さじ2
しょうゆ……大さじ1
ごま油……小さじ1
サラダ油……大さじ1強

1 高菜漬けは5㎜幅に切り、水につけ、食べて塩辛くないくらいまで塩抜きし、水けを軽く絞る。
2 豚肉は2㎝幅に切る。
3 フライパンにサラダ油を熱し、しょうが、赤唐がらしを入れて炒める。香りが出てきたら2を入れて炒め、肉の色が変わってきたら1を加え、紹興酒、しょうゆで調味し、汁けがなくなるまで炒める。仕上げにごま油をふり、ごまを散らす。

カリフラワーとタコ、トマトのサラダ

かぼちゃのサラダ

カリフラワーとタコ、トマトのサラダ

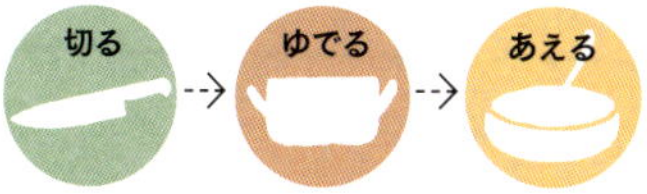

加熱しても失われないビタミンCに富むカリフラワー。栄養的にも優れ物なのに、いまひとつ人気がないのは残念なこと。相性のよいタコやトマトと一緒に和風のサラダにすると、おもてなしの前菜にもなります。

材料・作りやすい分量

カリフラワー……1/2 個
ゆでダコ……200g
トマト……2 個
きゅうり……2 本
削り節……1 パック（5g）

A
- しょうゆ……大さじ 1 1/2
- 酢……大さじ 2
- サラダ油……大さじ 1
- 砂糖……少々
- 塩……小さじ 1/2
- こしょう……少々

1 カリフラワーは一口大の小房に分け、塩少々（分量外）を加えた熱湯でかためにゆでる。

2 タコは一口大の乱切りにし、トマトは2cm角くらいに切る。きゅうりは皮を縞にむいて一口大の乱切りにする。

3 小さいボウルに削り節を入れて熱湯1/2 カップを注ぐ。

4 別のボウルにAを合わせ、3をこし入れて混ぜる。

5 1と2を合わせ、4を回しかけて全体をあえ、しばらくおいて味をなじませる。

かぼちゃのサラダ

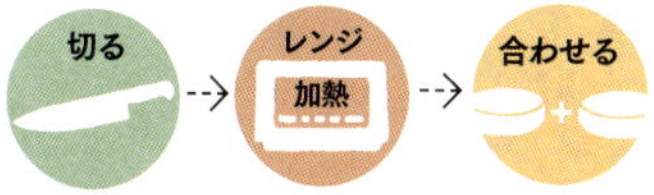

「ゆでる」と思うとめんどうですが、レンジでチンなら簡単。
かぼちゃはホクッと仕上がり、たまらなく美味なサラダができます。

材料・4 人分

かぼちゃ……正味 400g
レーズン……50g
りんご……1/2 個

A
- マヨネーズ……大さじ 3
- 牛乳……80mℓ
- 塩……少々

1 かぼちゃはワタを除いて皮をむき、1cm角に切る。耐熱皿にのせ、水大さじ1 1/2 をふって電子レンジで柔らかくなるまで加熱する。

2 レーズンは湯で柔らかく戻し、りんごは 1cm角に切る。

3 1と2を合わせ、Aで調味する。

ゴーヤーと豚肉のしょうゆ炒め

夏は収穫が追いつかないほどとれるゴーヤー。
今日は豚肉と一緒に炒めましょう！

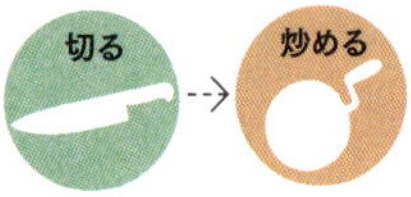

「みなさ〜ん！　ゴーヤーは切ったら水にさらさないでね！　苦味が増すので」

材料・4人分

ゴーヤー……大1本
豚バラ肉（5㎜厚さ）……200g
にんにく（みじん切り）……小さじ1
赤唐がらし（小口切り）……1〜2本分
A
- 紹興酒（酒でも）……大さじ1
- しょうゆ……大さじ1強
- オイスターソース……大さじ1/2
- 鶏ガラスープの素……小さじ1/2

1 ゴーヤーは縦半分に切ってワタをスプーンでかき出し、5㎜幅に切る。
2 豚肉は一口大に切る。
3 Aを合わせる。
4 フライパンにサラダ油大さじ1、にんにく、赤唐がらしを入れて火にかけ、香りが出てきたら2を入れて炒める。肉の色が変わってきたら1を加えて炒め合わせ、3を混ぜ入れてさっと炒め合わせる。

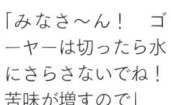

ボリュームありのドカンおかず

肉や魚がメインになる主菜にも
うちでは野菜をふんだんに使います。
むしろ野菜をおいしく食べるための肉や魚だったりすることも。
食べ応え充分なのに重くない、
ふだんのおかずをご紹介します。

カツオのたたきサラダ

作り方P.34

フライパン焼きだと手軽。
山盛りの香味野菜が味の決め手。

キャベツと豚バラ肉のみそ炒め

作り方 P.35

シャキッと炒めるコツは
油通しの代わりの湯通しにあり！

カツオのたたきサラダ

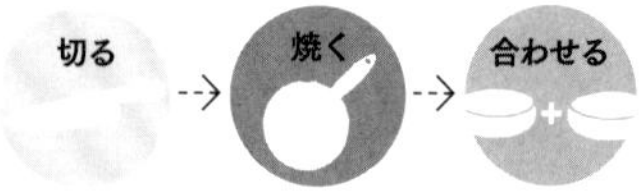

薬味にする香味野菜があまりにたっぷりなので、うちではサラダと呼んでいるカツオのたたき。香りの強い野菜をこんなにたくさん使うからこそのおいしさです。タレは食べる直前にかけて。しょうゆ、酢、レモン汁を同じ割合で合わせ、しょうが、にんにくも混ぜておきます。

材料・4人分

カツオ……2節

薬味

- 万能ねぎ……1束
- セロリ……1本
- 貝割れ菜……2パック
- 青じそ……10枚

レタス（小）……2～3枚

A
- にんにく（みじん切り）……小さじ1
- しょうが（みじん切り）……小さじ1
- しょうゆ……70mℓ
- 酢……70mℓ
- レモン汁……70mℓ

サラダ油……少々

1 薬味を用意する。万能ねぎは小口切りにし、セロリは薄い小口切りにする。貝割れ菜は根元を切り、青じそは細切りにして混ぜ合わせる。レタスは細切りにする。

2 Aを混ぜ合わせタレを作る。

3 フライパンに油を熱し、カツオを並べ、強火でさっと焼く。色が変わったら面を変えて（a）表面全体を焼き、すぐに氷水につけて冷ます（b）。

4 3の水けをキッチンペーパーでふき取り、1cm厚さに切る。

5 器に1のレタスを敷いて4を盛り（c）、1の混ぜておいた香味野菜をのせ、食べる直前に2をかける。

a

b

c

キャベツと豚バラ肉のみそ炒め

中華料理の回鍋肉ですが、キャベツのおいしい季節に本当によく作るうちの定番おかずです。油通しの代わりに油と塩を加えた熱湯で湯通しするのがポイント。野菜がシャキッとみずみずしく、あっさり味に仕上がります。

材料・4人分

キャベツ……1/2個
豚バラ肉（5㎜厚さ）……200g
ピーマン……4個
にんにく・しょうが（各みじん切り）
……各少々
赤唐がらし（小口切り）……1本分
片栗粉……大さじ1強

A
- 熱湯……200㎖
- 鶏ガラスープの素……大さじ1
- 砂糖……大さじ1
- しょうゆ……大さじ1
- みそ……大さじ2

サラダ油……適量
塩……大さじ1/2

1 キャベツは4㎝角に切る。豚肉は一口大に切る。ピーマンも種を除いて一口大に切る。

2 Aを混ぜ合わせる。

3 鍋に湯を沸かし、塩、油大さじ2を加え（a）、1の野菜をそれぞれ入れて湯通しし、水けをきる。豚肉も入れ、色が変わるくらいに湯通しし（b）、水けをきる。

4 中華なべを熱し、油大さじ2強を入れ、にんにく、しょうが、赤唐がらしを入れて炒める。香りが立ってきたら2を入れ、煮立ったら同量の水で溶いた片栗粉を少しずつ加えてとろみをつけ、3を加えて炒め混ぜる（c）。

a

b

c

ミニトマトと卵の炒め物

作り方 P.38

相性抜群のトマトと卵、歯ごたえのよいきくらげを、
和風味に炒めるには、削り節粉を一ふり。

タイ風サラダ 作り方 P.39

牛肉をドレッシングの中身に使うと、
あっさり生野菜もメインのおかずになります。

ミニトマトと卵の炒め物

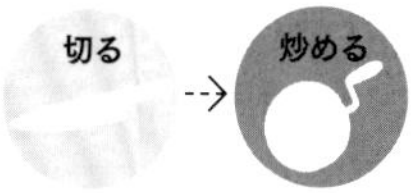

完熟トマトを炒めると水分が飛び、濃厚な味になるのですが、年中変わらず味の濃いミニトマトを使えばいつでもおいしい炒め物に。きくらげと一緒に炒めてから、あらかじめふわっと炒めておいた卵を加え、炒め合わせます。中華ではおなじみのトリオですが、あっという間にできる削り節粉をふって仕上げれば、和風の主菜のでき上がりです。

材料・4人分

ミニトマト……200g
卵……4個
きくらげ（乾燥）……5g
しょうが（みじん切り）……小さじ1
削り節粉（P.19）……5g
サラダ油……適量
酒……大さじ1
しょうゆ……大さじ1弱

1 きくらげは熱湯をかけて戻し、大きいものは半分に切る。ミニトマトはヘタを取り、半分に切る。

2 フライパンに油大さじ1を熱し、軽く溶いた卵を流し入れ（a）、ざっと炒めて取り出す。

3 2のフライパンに油大さじ1を熱し、しょうがを入れて炒める。香りが立ってきたら1を入れて炒め、削り節粉をふり入れて（b）ざっと混ぜる。酒、しょうゆで味を調え、2の卵を戻し入れて（c）ひと混ぜする。

a

b

c

タイ風サラダ

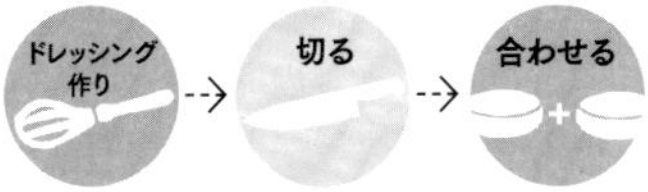

シャキシャキ生野菜をピリッと辛く、さわやかなサラダに。味の決め手はタイ料理に欠かせないナンプラー。タイ産の小粒激辛唐がらしのプリッキーヌ、柑橘の葉のバイマックルーは、エスニック材料コーナーか通販などで入手できます。なければ赤唐がらしや香菜などの香り野菜を使ってもOK。牛肉はあくまで味だし。少量で充分おいしいです。

材料・4人分

牛薄切り肉……200g
玉ねぎ……1/2個
セロリ……1本
きゅうり……2本
レタス……1/2個
ミニトマト……6～8個
ドレッシング
- ナンプラー……大さじ3
- 水……大さじ2
- レモン汁……大さじ3
- 砂糖……小さじ1 1/2
- プリッキーヌ(小口切り)……4本分
- バイマックルー(細切り)……2枚分
- オイスターソース……大さじ1

塩・こしょう……各少々
サラダ油……少々

1 ドレッシングの材料を合わせて混ぜる。

2 牛肉は一口大に切って軽く塩、こしょうする。フライパンに油を熱し、牛肉を入れてさっと炒め、1に入れて（a）すぐに取り出す。

3 玉ねぎは薄切りにし、セロリは3㎜幅の薄切りにする。きゅうりは皮を縞にむいて縦半分にし、1㎝幅の斜め切りにする。レタスは食べやすい大きさにちぎる。ミニトマトはヘタを取り、1/4～1/2に切る（b）。

4 3の野菜を混ぜて器に盛り、2の牛肉をのせてドレッシングを回しかける。

a

b

豚バラ焼きのキャベツのっけ

作り方 P.42

甘辛く焼きつけたバラ肉。
焼き汁がしみ込んだ
キャベツが絶品です。

バラ焼き丼

キャベツのせん切りをのせたご飯の上に並べ、
熱々の焼き汁をジュッと回しかければ
ボリュームありの照り焼きどんぶりに。
あと引く味です。

白菜とサバ缶の煮物 作り方 P.43

サバ水煮缶の缶汁がだし代わり。びっくりするほど簡単なのに、明日も食べたいおかずになります。

豚バラ焼きのキャベツのっけ

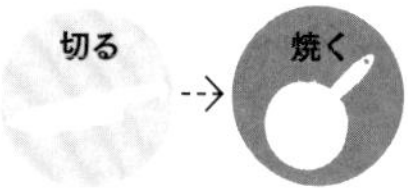

豚バラ肉はかたまりで求め、5㎜ほどの厚さに切って焼いてください。この厚さが大切。切り方は、肉の筋が斜めに走っている面を上にして置き、筋を断つように切るのがコツ。味がしみます。最初はあまりいじらないで強火で焼きつけて。焼き色がついてきたら調味料を入れ、焼き汁をからめるようにして焼き上げます。焼き汁がしみたせん切りキャベツがまた美味。

材料・4人分

豚バラかたまり肉……600g
キャベツ……1/2個
砂糖・酒・しょうゆ……各大さじ2
塩・こしょう……各少々
サラダ油……大さじ2

a

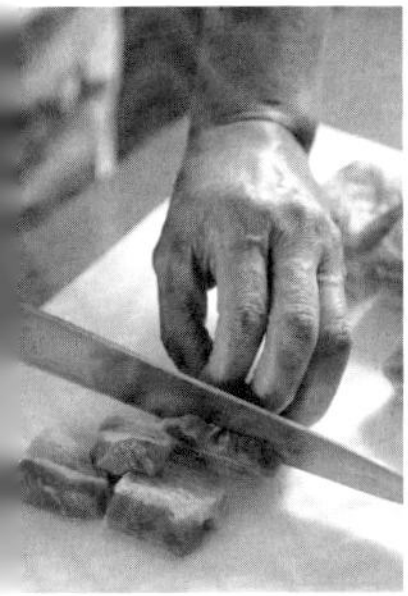

b

1 キャベツは洗わずにせん切りにし、さっと水に通して水けをよくきる。
2 豚バラ肉は、肉の繊維を断つようにして5㎜厚さに切り（a)、軽く塩、こしょうをする。
3 フライパンに油を熱し、2を並べ入れ、強火で焼く。返して両面を焼き、焼き色がついてきたら砂糖をふり入れる（b)。続いて酒、しょうゆを加え、肉にからめながら煮詰める。
4 器に1を敷き、3を盛って焼き汁を回しかける。

お料理メモ

肉にも繊維がある！

かたまり肉をよく見ると細く筋が走っている面があります。これが肉の繊維。強火で短時間で焼く、なんて時は、繊維を断つように切ると熱の通りが早く、味もしみやすくなり、噛み切りやすくもなります。反対に細切りにして何かと炒め合わせたい時は、繊維に沿って切ると火を通しても肉が縮れたり、ちぎれたりせずに仕上げられます。

白菜とサバ缶の煮物

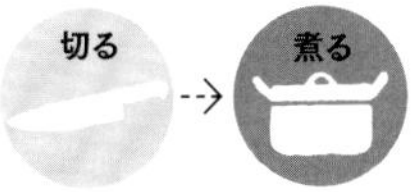

「サバ缶を煮物に使うなんて魚くさくならない？」。心配ご無用。水煮缶の汁をおいしいだし代わりにするコツは、しょうがとこしょうを上手に使うこと。そして先に鍋に入れ、煮立ったら白菜を入れて弱火で蒸し煮にすること。こんなにたくさん白菜を入れていいの？と思うかもしれませんが、水分の多い野菜。煮るとかさが減り、煮汁のうまみを含み、やさしい味に仕上がります。

材料・4人分

白菜……大 1/6 株
えのき……100g
サバ水煮缶……1 缶（135g）
しょうが（せん切り）……2 かけ分
しょうゆ……大さじ 1/2
酒……大さじ 1
塩……小さじ 1/2
こしょう……少々

1 白菜は葉を 4cm角ほどのざく切りに、軸は 1cm幅 4cm長さくらいの細切りにする。えのきは石づきを落とし、長さを 3 等分に切る。

2 サバ缶は缶汁ごとボウルに入れてフォークでほぐす(a)。水 300mℓを加えて鍋に移し（b)、しょうが、えのきを加えて強火にかける。

3 煮立ったら白菜の軸、葉を順に入れ(c)、しょうゆ、酒、塩を加え、ふたをして弱火で 15 分ほど煮る。

4 器に盛り、こしょうをかける。

a

b

c

大根と手羽先の煮込み 作り方 P.46

手羽先のうまみを生かした大根の煮物。
オイスターソースや紹興酒をちょっと使うだけで
中華風のおかずに。

肉豆腐 作り方 P.47

ふだん着のすき焼き風煮物。
こういうおかずは、
がぜんご飯が進みます。

大根と手羽先の煮込み

大根と鶏だけで作る煮物です。鶏肉の中でも骨と皮からうまみが出る手羽先は煮物向き。あらかじめ、にんにく、しょうが、赤唐がらしで香り出しした油で焼きつけてから煮るとひと味違います。大根は乱切りに。太いものなら四等分にしてから一口大の乱切りにします。身近な材料で作れるこういうおかずって本当に飽きがきません。

材料・4人分

大根……1/2本
鶏手羽先……10本
にんにく（みじん切り）……大さじ1
しょうが（みじん切り）……大さじ1
赤唐がらし（小口切り）……1～2本分
サラダ油……大さじ1強
湯……500mℓ
A
- オイスターソース……大さじ1
- 紹興酒（酒でも）……大さじ2
- しょうゆ……大さじ1 1/2
- こしょう……少々

塩・こしょう……各少々

1 大根は皮をむいて一口大の乱切りにし、竹串が通るくらいまでゆでて湯をきる。
2 手羽先は先を切り落とし、軽く塩、こしょうをする。
3 鍋に油を熱し、にんにく、しょうが、赤唐がらしを入れて焦がさないように炒める（a）。香りが立ってきたら、2を皮側を下にして並べ入れ（b）、焼き色がついたら返して両面焼く。
4 焼き色がついたら1を加え（c）、分量の湯を注ぎ、Aを加えて煮る。煮立ったらアクを取り、ふたをし、汁が1/3くらいになるまで煮込む。

a

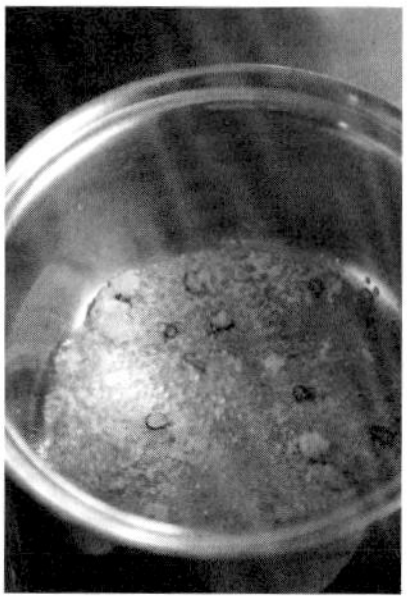

b

c

肉豆腐

牛肉は柔らかく、豆腐と玉ねぎにはしっかり味がしみ込むように。ポイントを押さえ、ていねいに作ると、気どりのないおかずなのに、人気の定番料理になります。コツは豆腐の水きりはしっかり、玉ねぎはあまり薄く切り過ぎないこと、牛肉は最後に加えて煮過ぎないこと。煮汁はとてもいい味なので、残ったらおからを入れて炊くといいですよ。

材料・４人分

牛肉（すき焼き用）……200g
豆腐……１丁
糸こんにゃく……１袋（280g）
玉ねぎ……１個
サラダ油……大さじ１
だし（P.99）……２カップ
酒……大さじ２
砂糖……大さじ２
しょうゆ……大さじ４

1 牛肉は３～4cm幅に切る。

2 豆腐はキッチンペーパーに包んで電子レンジで１分～１分30秒加熱して水けをきり、大きめの一口大に切る。糸こんにゃくは下ゆでして食べやすい長さに切る。

3 玉ねぎは3mm幅ほどの薄切りにする。

4 鍋に油を熱し、3を入れて炒める。全体に油が回ったら、だしを加え（a）、酒、砂糖、しょうゆを順に加える。煮立ったら2を入れ、５分ほど煮て豆腐に味を含ませる。最後に1をほぐしながら加え（b）、肉の色が変わるくらいまでさっと煮て器に盛る。

a

b

ねぎ鍋

作り方 P.50

ねぎと豚肉だけ。
これ以上
プラスもマイナスもできない
極上の鍋物です。

きのこと鶏だんご鍋 作り方 P.51

鶏だんごとまいたけから出るコクとうまみ。
このスープを煮含めた白菜がまた美味。

ねぎ鍋

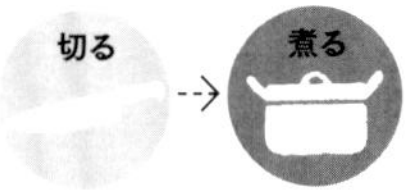

あまりにシンプル過ぎて、つい豆腐やしいたけを入れたくなりますが、ぐっとこらえてこれだけで食べてみてください。実はこれ、信州の大好きな宿の秋の定番鍋。宿では松本1本ねぎという太ねぎを繊細な白髪ねぎにしますが、うちではねぎを縦半分に切って斜め薄切りにするだけ。煮汁に少し多めのお酒を加えるとぐんと味が増しますよ。

材料・4人分

豚ロース薄切り肉……400g
ねぎ……4～5本
だし（P.99）……1.5ℓ
酒……50mℓ
しょうゆ……大さじ1 1/2
塩……小さじ1 1/2
みりん……大さじ1

1 ねぎは縦半分に切り、斜め薄切りにする。
2 豚肉は食べやすい大きさに切る。
3 鍋にだしを入れて火にかける。煮立ったら酒、しょうゆ、塩、みりんを順に加える。再び煮立ったら2（a)、1（b）を入れ、豚肉が煮えたらねぎごと取って食べる（c)。

a

b

c

きのこと鶏だんご鍋

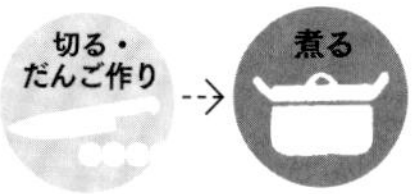

鶏ひき肉のだんごに、味の出るまいたけを合わせたうまみたっぷりの鍋物です。白菜を入れるのは、おいしいスープをさらに楽しむため。煮汁にしょうゆと塩で軽く味をつけていますが、足りなければポン酢じょうゆで食べてもおいしいです。

材料・４人分

鶏ひき肉……300g

A
- 卵……１個
- しょうが汁……小さじ１強
- 塩……２つまみ
- しょうゆ……少々
- 片栗粉……大さじ 1 1/2
- だし（P.99）……50mℓ

白菜……1/6 株
まいたけ……300g
だし……１ℓ
酒……大さじ２
しょうゆ・塩……各小さじ１
ポン酢じょうゆ・レモン……各適宜

1 ボウルに鶏ひき肉とＡを入れてよく練り混ぜ（a）、器に入れる。
2 白菜は葉と軸に分けて一口大に切り、まいたけは食べやすい大きさに分ける。
3 鍋にだしを入れ、酒、しょうゆを入れて火にかける。煮立ったら白菜の軸を入れ、再び煮立ったら白菜の葉、まいたけを加え、２本のスプーンを使って１をだんご状にして落としていく（b）。
4 肉だんごに火が通ったら塩で調味して取り分け、好みでポン酢じょうゆにレモンを絞って（c）食べる。

a

b

c

ねぎま鍋 作り方 P.54

ねぎとマグロに、
プラスわかめ、大根。
江戸の粋が、味よくヘルシーな
1品に変身。
小鍋仕立てにしても楽しめます。
おろししょうがと黒こしょうの
薬味がオツです。

しゃぶしゃぶ

作り方 P.54

たっぷりのレタスと牛肉だけ。
昆布だしでしゃぶしゃぶ。
柔らかい牛肉と
シャキシャキレタスにかけた
ごまダレが絶妙です。

ねぎま鍋

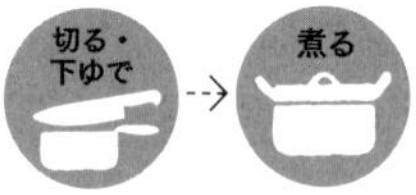

江戸の昔はマグロのトロのおいしい廃物利用でしたが、今は高値のトロ。もちろん脂ののったトロならベストですが、赤身でも OK。大根、ねぎ、わかめを入れ、マグロは最後に入れて色が変わる程度で引き上げて。煮過ぎるとかたくなります。

材料・4人分

マグロ（刺身用）……2 サク（400g）
ねぎ……4 本
生わかめ……200g
大根……450g
だし（P.99）……1.5ℓ
A
- 酒……50mℓ
- しょうゆ……大さじ 1 1/2
- 塩……小さじ 1 1/2
- みりん……大さじ 1
- 砂糖……小さじ 1/2

黒こしょう（粗びき）・おろししょうが（薬味）……各適宜

1 マグロは 2cm角に切る。
2 わかめは一口大に切る。
3 大根は 2cm角に切り、熱湯で竹串が刺さる程度まで下ゆでする。ねぎは 3cm長さに切り、縦半分に割る。
4 鍋にだしを入れ、A を加えて煮立て、3 を入れる。2 も入れ、最後に 1 も入れて色が変わったら取り分けて薬味とともに食べる。

しゃぶしゃぶ

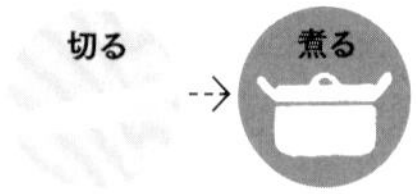

昆布だし（といっても、水にだし用の昆布を入れて煮ただけの湯）で、牛肉とレタスをしゃぶしゃぶ。レタスは何度もおかわりしたくなるほど魅力的。それは、歯ざわりのよさとともにこのごまダレがあるから。練りごまを常備するほど繰り返して食べたい鍋物です。

材料・4人分

牛肉（しゃぶしゃぶ用）……600g
レタス……1 個
昆布……15cm角 1 枚
塩……小さじ 1/2
ごまダレ
- 炒り白ごま……25g
- 練り白ごま……60g
- しょうゆ……大さじ 2
- 酢……35mℓ
- 砂糖……小さじ 1 弱
- カツオだし（P. 99）……50mℓ

1 ごまダレの材料に水少量を加えて混ぜ合わせておく。
2 牛肉、レタスは食べやすく切る。
3 鍋に水 1.2ℓ と昆布を入れて火にかけ、煮立ったら塩を加えてひと混ぜし、牛肉、レタスを順にしゃぶしゃぶして取り分け、1 をかけて食べる。

野菜と味わう絶品中華

お客さまが楽しみにしてくださる
うちの定番中華は、野菜と一緒に食べるものが
意外に多いことに気づきます。
こってりしがちな中華ですが、食べ飽きることがありません。

油淋鶏《ユーリンチー》

作り方 P.58

カリッと揚がった鶏肉と
シャキシャキのレタスを
ひとつにするのはピリ辛の甘酢。

里いものねぎ炒め

作り方 P.59

ねっとりした里いもを、香り高いねぎソースでからめるように炒め煮にします。

油淋鶏《ユーリンチー》

鶏肉とレタスだけなのに、断トツにリクエストの多いごちそう中華。鶏肉を上手に揚げるコツは３つ。身側に切り目を入れてから下味をつける。下味の汁けをふき取って粉をつける。そして揚げ方。鶏肉が沈むくらいの量の油を高温に熱し、鶏肉を入れたら弱火にしてゆっくりと水分を出しながら肉の中まで火を通し、最後は強火にしてカリッと揚げます。

材料・４人分

鶏もも肉……２枚（600g）

A
- しょうゆ……大さじ１
- 紹興酒……大さじ１

B
- しょうゆ……大さじ４
- 酢……大さじ４
- 砂糖……大さじ３
- 赤唐がらし（小口切り）……少々

レタス……１個

万能ねぎ……1/2束

片栗粉……適量

揚げ油……適量

1 鶏肉は半分に切り、身のほうに1㎝間隔の切り目を入れ、Aをふって10分ほどおき、下味をつける。

2 Bを混ぜ合わせてピリ辛甘酢を作る。

3 レタスは1㎝幅に切って器に盛る。

4 万能ねぎは小口切りにする。

5 1の汁けをふき取り、片栗粉を両面にまぶす。多めの油を180℃くらいに熱し、鶏肉を入れる。火を弱め、時々返しながら４～５分揚げる。肉が色づいたら（a）強火にし、さらに１分ほど揚げてカリッと仕上げ、油をきる。

6 5を食べやすく切り分けて（b）3のレタスの上にのせ、4を散らして2をかける。

a

b

里いものねぎ炒め

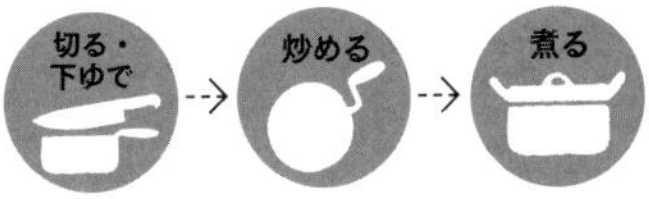

昔通った中国料理店でいつもオーダーしていた大好きな1品を、家庭風にアレンジ。里いもはレンジ加熱や蒸してもOKですが、加熱し過ぎないこと。少量の油で揚げるように炒めると、里いもの表面が固まってくずれにくく、また余分な水分が出てねっとり感が増します。ねぎの量は大胆に入れて。その分おいしくなりますよ。

材料・4人分

里いも……700g
万能ねぎ……2束
A
- ささ身スープ（P.70）……1 1/2カップ
- 塩……小さじ1強
- しょうが（みじん切り）……大さじ1
- 紹興酒……大さじ1強
- 砂糖……小さじ1/2

片栗粉……大さじ1強
サラダ油……大さじ1
ごま油……少々

1 里いもは皮をむいて一口大に切り、15分ほどゆでて水けをきる。
2 万能ねぎは5㎜幅に切る。
3 Aを合わせ、同量の水で溶いた片栗粉を加えて混ぜ合わせる。
4 中華なべにサラダ油を熱し、1を炒める（a）。
5 焼き色がついたら4の油をきって3を加え（b）、ひと煮立ちしたら2を加える（c）。2～3分煮て、香りづけにごま油をふり入れて仕上げる。

a

b

c

パリパリエビのレタス包み 作り方 P.62

春巻きの皮にエビのすり身をはさんで
揚げた簡単エビ春巻き。
青じそをレタスに重ねて包んで食べます。

白菜としいたけのうま煮 作り方 P.63

白菜、豚ひき肉、しいたけ。
身近な材料でご飯が進む家庭中華の決定版！
オイスターソースが隠し味です。

パリパリエビのレタス包み

エビを粗めにたたいてすり身にし、春巻きの皮にペッと塗ってはさみ、揚げるだけ。だからうちでは「エビッペ」と呼んでいます。卵白を加えてよく混ぜることで、すり身がしまり過ぎず、やさしい食感に揚がります。簡単ですが、おもてなし料理にもなります。ちなみに春巻きの皮は、ツルツルしているほうが表。ザラザラしているほうに具をのせて包みます。

材料・４人分

春巻きの皮……４枚
エビ（正味）……120g
万能ねぎ……5～６本
卵白……１個分
A
- 鶏ガラスープの素……小さじ 1/2
- 砂糖・ごま油……各少々
- 塩・こしょう……各少々

揚げ油……適量
レタス・青じそ……各適量
からし酢じょうゆ……適宜

1　春巻きの皮を縦に４等分し、さらに横に半分に切って８等分する。
2 エビはむき身にして背ワタを除き、包丁で粗みじんにたたく（a）。
3 万能ねぎは小口切りにする。
4　ボウルに 2 と卵白を入れてよく混ぜ合わせ(b)、A と 3 も加えて混ぜ合わせる。
5　1 に 4 を小さじ１くらいずつのせて(c) はさみ (d)、中温の油でカラッと揚げ、油をきる。レタス、青じそを重ねて包み、好みでからし酢じょうゆをつけて食べる。

a

b

c

d

白菜としいたけのうま煮

香味野菜で香り出しした油で炒めてから、しょうゆなどで調味したスープで煮てとろみをつける。中華のうま煮はだいたいこんな風に作りますが、中身はありふれた材料なのに本当に「うまい！」。しかも材料を変えるとまったく別の味になるから不思議です。いくつかうま煮をご紹介しますが、まずはうちの定番から。

材料・４人分

白菜……1/4株
生しいたけ……３枚
豚ひき肉……150g
にんにく（みじん切り）……小さじ１
しょうが（みじん切り）……小さじ１
赤唐がらし(小口切り)……１～２本分
サラダ油……大さじ１強
A
- 水……300mℓ
- 鶏ガラスープの素……小さじ１
- しょうゆ……大さじ１強
- 紹興酒（酒でも）……大さじ２
- オイスターソース……小さじ１

ごま油……少々
片栗粉……大さじ１強

1 白菜は葉と軸に分けて一口大に切る。しいたけは石づきを落とし、1cm幅に切る。

2 鍋にサラダ油を熱し、にんにく、しょうが、赤唐がらしを入れて炒める。香りが立ってきたらひき肉を加え、肉の色が変わるまで炒める（a)。

3 Aを混ぜ合わせて2に加える。煮立ったら白菜の軸、葉を順に入れ、15分ほど煮る。白菜がしんなりしてきたら、しいたけ（b）とごま油を加えてさっと煮、同量の水で溶いた片栗粉を加えて（c）とろみをつける。

a

b

c

シューマイ

作り方 P.66

玉ねぎとホタテ貝柱が
うまみのもと。
干し貝柱ではなく、
水煮缶を使っても
こんなにおいしくできるのです。
そして隠し味はなんと砂糖。
めんどうなことは一切なし！
作る時は、大きい中華セイロに
並べられるだけ並べて
蒸してしまいます。

シューマイ

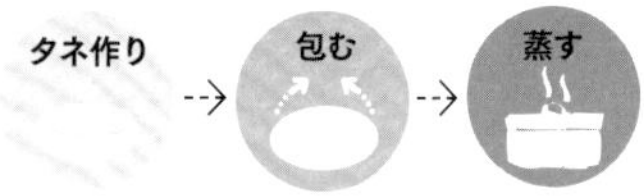

ある時、シューマイが看板の中華街のお店に立ち寄ったのですが、なぜか昔ほどの感動がなく、久しぶりに自分のためにシューマイを作ってしまいました。やっぱりおいしい！　手前みそで恐縮ですが、シューマイは買ってくるもの、外で食べるものと決めているとしたら、残念なこと。家で簡単に作れます。味の秘訣は玉ねぎとホタテ貝柱の水煮缶。豚ひき肉をよく練りながら混ぜるのがポイント。セイロにガーゼを敷いて上に並べて蒸すと、取り出しやすく便利です。

材料・5～6人分

豚ひき肉……300g

A
- 塩……小さじ1
- 砂糖……小さじ2
- しょうが汁……大さじ1

ホタテ貝柱水煮缶……90g

卵……1個

B
- こしょう……少々
- しょうゆ……大さじ1強
- 片栗粉……大さじ3

玉ねぎ……1個

シューマイの皮……30枚

酢じょうゆ・練りがらし……各適宜

準備

中華セイロ（蒸し器でも）にガーゼを敷き、油（分量外）を薄くはけ塗りする。

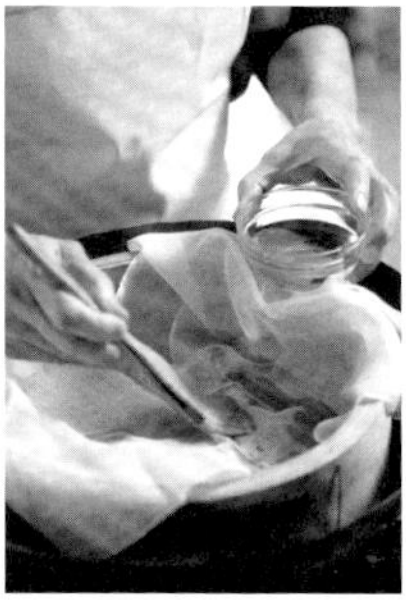

シューマイのタネを作る

1 ボウルに豚ひき肉とAを入れて粘りが出るまで練り、ホタテ貝柱缶をほぐして缶汁ごと加え、卵、Bも加えてつかむようにしてよく練り混ぜる（a）。

2 玉ねぎをみじん切りにして1に加える（b）。ひき肉に粒がなくなり全体がなめらかなペースト状になるまで練り混ぜるのがポイント（c）。

a

b

c

タネを包む

3 シューマイの皮の中央に小さじ１くらいのタネをのせ(d)、皮の四隅を寄せる（e)。親指と人差し指で輪を作り、シューマイの形を整える（f)。最後に上部をスプーンなどで押さえて平らにし(g)、底も押さえて平らにする。

d

e

f

g

蒸す

4 準備していたセイロにシューマイを外側から並べ（h)、ガーゼの両端を内側に折り返し、ふたをする（i)。鍋に湯を沸かし、蒸気が立ってきたらセイロをのせて 15 ～ 20 分蒸す。蒸し上がったら鍋から下ろし、ガーゼの両端を持って器に移す（j)。好みで酢じょうゆ、練りがらしで食べる。

h

i

j

エビワンタンスープ

作り方 P.70

簡単なのに上品でコクのある
ささ身スープを覚えてください。

スープをとった
残りのささ身で、もう1品！

きゅうりとささ身のごまあえ

作り方 P.71

黒酢酢豚 作り方 P.71

香りよい黒酢ダレをからめた
野菜があるから二倍おいしい！

エビワンタンスープ

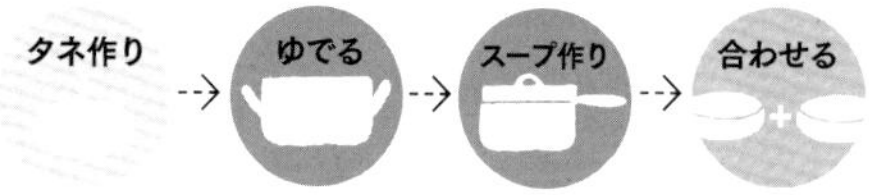

れんこんのシャキシャキ感とエビのプリッとした食感が何よりのごちそう。ささ身でとったスープで作ればあっという間にでき上がります。セロリは葉も刻んで入れると、さわやかな香りがプラスされます。

材料・4人分

エビ（ブラックタイガー）……200g
れんこん……120g

A
- 卵白……1個分
- しょうが汁……小さじ1
- 砂糖……少々
- 塩……小さじ1/2
- ごま油……小さじ1
- 片栗粉……大さじ1

ワンタンの皮……1袋
ささ身スープ（下記）……4カップ
塩……小さじ1/2
こしょう・ごま油……各少々
セロリ……1本
万能ねぎ……2本

1 エビは殻と背ワタを取って、1尾を3～4つのぶつ切りにする。れんこんは皮をむき、5㎜角に切る。

2 ボウルに1とAを入れてよく混ぜる(a)。

3 ワンタンの皮で2を大さじ1ずつ包み（b)、たっぷりの熱湯で4分ほどゆでる。

4 ワンタンをゆでている間に別の鍋にささ身スープを煮立て、塩、こしょうで味を調え、火を止めてごま油を混ぜる。

5 器に4を注ぎ、3を入れ、薄切りにしたセロリと小口切りにした万能ねぎを散らす。

a

b

お料理メモ

ささ身スープ

中華のだしは鶏ガラスープが基本ですが、作るとなるとちょっと大変。ささ身をゆでるだけでしっかりうまみのあるスープがとれるので、ぜひ試してください。

材料　鶏ささ身・4本／水・4カップ／塩・1つまみ

鍋に分量の水を入れて煮立て、塩を加えてささ身を入れる。火を弱め、フツフツと静かな状態で6分ほど煮て、ささ身を取り出す。

※保存する時は冷めてから冷蔵庫へ。2～3日以上使わない場合は冷凍を。

黒酢酢豚

黒酢の濃厚なコクと甘みが魅力の酢豚ですが、ブロッコリーをたっぷり入れると、とてもよいご飯のおかずになります。

材料・4人分

豚バラかたまり肉……400g
ブロッコリー……1/2個
A
- 紹興酒（酒でも）……大さじ1
- しょうゆ……大さじ1 1/2
- 卵……1個
- 片栗粉……大さじ3

甘酢あん
- 水・黒酢……各90㎖
- しょうゆ……大さじ3弱
- 砂糖……70g

サラダ油……大さじ1
しょうが（みじん切り）……小さじ1
片栗粉……大さじ2
揚げ油……適量

1 豚肉は1.5㎝厚さの一口大に切る。ブロッコリーは小房に分けてさっとゆでる。
2 ボウルに豚肉を入れ、片栗粉以外のAを加えて手でよくもみ込み、片栗粉をふり入れてさっと混ぜる。
3 揚げ油を高温に熱し、2を入れてカリッと揚げる。
4 ボウルに甘酢あんの材料を合わせる。
5 中華なべに油を熱し、しょうがを炒める。香りが立ってきたら4を入れる。煮立ったら同量の水で溶いた片栗粉を少しずつ加え、とろみがついたら（a）3と1のブロッコリーを加えてさっと炒めてからめる（b）。

a

b

スープをとったささ身で

きゅうりとささ身のごまあえ

1 きゅうり2本は皮つきのまま薄い輪切りにし、塩少々をふって5分ほどおき、もんでしんなりさせる。ゆでたささ身2本は食べやすい大きさに裂く。
2 ボウルに1、ささ身スープ・しょうゆ各大さじ1、炒って半ずりにした白ごま30g、削り節粉（P.19）大さじ1を入れて混ぜ合わせる。

雲白肉《ウンパイロウ》

作り方 P.74

キャベツ、豚肉をひとつの鍋で順にゆで、
ピリ辛ダレをからめた肉を、
タレと一緒にキャベツにのせて。

鶏肉としいたけのうま煮

作り方 P.75

香味野菜をきかせたタレに材料を入れてもみ込み、
タレごと鍋に移して煮るだけ。失敗なく味が決まります。

雲白肉《ウンパイロウ》

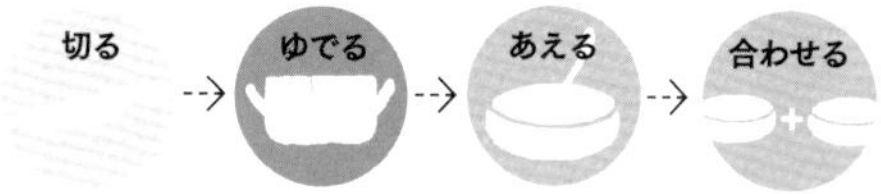

ゆでた豚バラ肉の下はきゅうりの薄切り、がおなじみでしょうか。うちではゆでたキャベツにのせます。パンチのきいたタレでゆでたバラ肉をあえてからのせるのもこの料理のポイントです。味のしみたキャベツが目当て。新キャベツの季節には何度も繰り返して食べたくなります。

材料・4人分

豚バラ薄切り肉……200g
キャベツ……1/2 個
A
- にんにく(みじん切り)……小さじ 1
- 豆板醤……小さじ 1
- 豆豉《トウチ》……小さじ 1
- しょうゆ……大さじ 3
- 酒……大さじ 1 1/2
- 鶏ガラスープの素……小さじ 2

万能ねぎ……1/2 本

1 豚肉は一口大に切り、キャベツはざく切りにする。

2 A の材料をボウルに合わせ、万能ねぎを小口切りにして加える。

3 たっぷりの湯を沸かし、キャベツを入れてさっとゆで、水けをきって器に移す(a)。

4 1 の豚肉を 3 の熱湯でゆでて（b）2 に入れてからめ（c)、3 のキャベツの上にのせて、汁も回しかける。

a

b

c

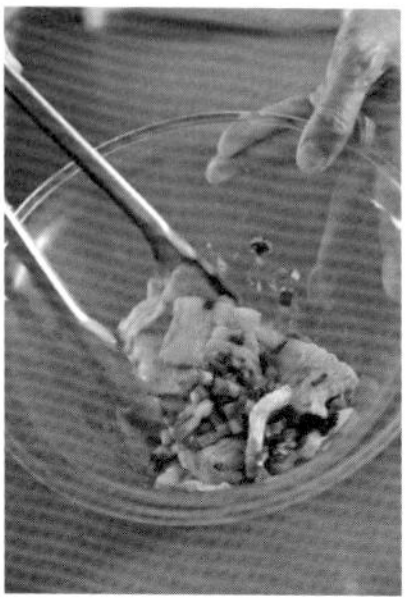

鶏肉としいたけのうま煮

うま煮の調理法はいろいろありますが、これはとても面白い作り方。煮汁になるスープに調味料や香味野菜を混ぜておき、具になる鶏肉やしいたけなどと合わせてもみ込み、液ごと鍋に移して火にかければでき上がり。材料を段取りよく準備すれば、めんどうな手順なしにできる大満足な1品です。

材料・４人分

鶏もも肉……400g
干ししいたけ……4枚
ゆでたけのこ……1/2本

A
- しょうが（すりおろし）……小さじ1
- にんにく（すりおろし）……小さじ1
- ごま油……大さじ1/2
- しょうゆ・酒……各大さじ1
- 赤唐がらし（小口切り）……1本分
- 塩……小さじ1/2
- 砂糖・こしょう……各少々
- 水……1/2カップ
- 鶏ガラスープの素……小さじ1
- 干ししいたけの戻し汁……1/2カップ
- 片栗粉……大さじ1
- 豆豉……大さじ1

1 鶏肉は一口大に切る。干ししいたけはぬるま湯につけて戻し、大きいものは半分に切る。たけのこは一口大の薄切りにする。

2 Aを合わせる。

3 ボウルに1を入れ、2を加えて（a）手でもみ込むようにして混ぜる（b）。

4 鍋に3を移して火にかけ（c）、煮立ったら火を弱めて15～20分、鶏肉に火が通り、全体に味がしみ込むまで煮る。

a

b

c

エビ豆腐 作り方 P.78

豆腐の煮物はだれもが好きなふだん着の味。
ところがエビを入れると、とたんに
ごちそうになるから不思議です。

なす入り麻婆豆腐 作り方 P.79

豆腐もなすも入った欲張りな麻婆。
ともに小さめの角切りにして
煮るのがポイントです。

エビ豆腐

トマトケチャップと豆板醤で作る甘辛いエビチリを、少しおとなの味にして、豆腐とともに煮たごちそう中華です。ボリュームがあり、ご飯が進むよいおかずにもなります。エビは片栗粉をつけて一度揚げてから煮ることが大切。いきなり煮たり炒めたりすると身がかたくなるからです。

材料・4人分

エビ（ブラックタイガー）……150g
豆腐……1丁
ピーマン……3個
にんにく（みじん切り）……小さじ1
しょうが（みじん切り）……小さじ1
片栗粉……大さじ2
サラダ油……大さじ1
揚げ油……適量

A
- スープ＊……1/2カップ
- 紹興酒（酒でも）……大さじ2
- 豆板醤……小さじ1
- ごま油……小さじ1
- しょうゆ……大さじ2
- 砂糖……大さじ1/2
- オイスターソース……少々
- こしょう・ごま油……各少々
- 片栗粉……大さじ1

1 エビは殻と背ワタを取って片栗粉をまぶし、180℃の油でさっと揚げる。ピーマンは1cm角に切る。

2 豆腐はキッチンペーパーに包み、電子レンジで2分加熱して水けをきり、一口大に切る。

3 Aは混ぜ合わせる。

4 フライパンにサラダ油を熱し、にんにく、しょうがを入れて炒める。香りが立ってきたら3を入れ（a）、2も加える（b）。煮立ったら1のエビを加え（c）、ピーマンも加えてとろみがつくまで混ぜながら煮る。

＊ささ身スープ（P. 70）か熱湯1/2カップに鶏ガラスープの素小さじ1を溶き混ぜたもの。

a

b

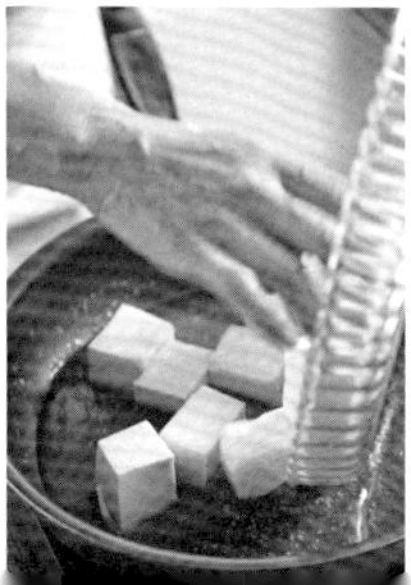

c

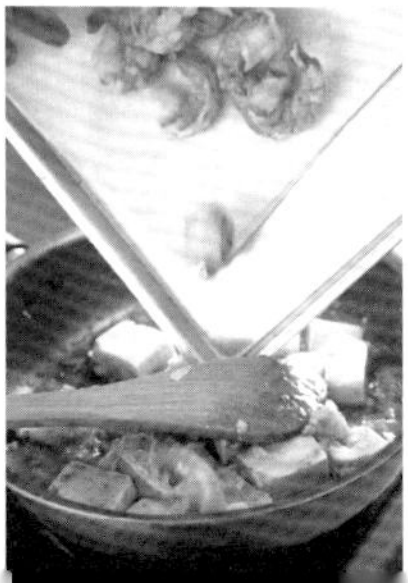

なす入り麻婆豆腐

麻婆豆腐は中華の定番ですが、炒めたなすと一緒に煮る麻婆豆腐は、またひと味違う魅力的なおかずです。麻婆に入れる豆腐はツルっとした食感の絹ごしが好きです。煮ているうちにくずれますが、これがまた美味。豆板醤、赤唐がらしの辛さと花椒《ホワジャオ》のビリビリ感がたまりません。暑い夏に汗をかきながら食べるのが麻婆のイメージ。旬のなすが合うのも道理です。

材料・４人分

合びき肉……200g
絹ごし豆腐……１1/2 丁
なす……４本
ねぎ……1/2 本

A
- にんにく（みじん切り）……小さじ１
- しょうが（みじん切り）……小さじ１
- 赤唐がらし（小口切り）……３～４本分
- 豆板醤……大さじ１
- 花椒（粗みじん切り）……小さじ１

B
- 鶏ガラスープ*……１カップ
- みそ……大さじ１
- 砂糖……小さじ１

サラダ油……適量
ごま油……大さじ１
片栗粉……大さじ１

1 豆腐はキッチンペーパーに包んで電子レンジで２分ほど加熱して水きりし、2㎝角に切る。

2 なすは 1㎝角に切ってサラダ油大さじ１でしんなりするまで炒める。

3 ねぎはみじん切りにする。

4 B は混ぜ合わせる。

5 フライパンにサラダ油大さじ 2、A を入れて（a）炒める。香りが立ってきたら、ひき肉を入れてほぐしながら炒める。肉の色が変わったら 4 を入れ、ひと煮立ちしたら 3、1、2 を順に入れる（b）。豆腐が温まったら同量の水で溶いた片栗粉を加えて（c）とろみをつけ、仕上げにごま油と花椒少々（分量外）をふり入れる。

*鶏ガラスープの素小さじ１を熱湯１カップで溶いたもの。

a

b

c

カキと豆腐のうま煮

作り方P.82

絹ごし豆腐の食感と
ぷっくり煮上がったカキが絶品。
カキのうまみを含んだチンゲンサイが
またおいしい。

トマトと牛肉のオイスターソース炒め

作り方 P.83

牛肉と玉ねぎを炒め、
最後にトマトを炒め合わせると
味がしまり、うまみがプラスされて深みが出ます。

カキと豆腐のうま煮

磯の香りと独特のうまみ、カキ好きにはたまらない煮物です。加熱すると小さくなり、ジューシーさが失われてしまうカキですが、片栗粉をまぶして下揚げすると身が縮まらず、ぷっくりとしたまま煮上がります。煮汁にオイスターソースを少し加えるとぐんと味が深みを増します。

材料・4人分

カキ……150g
絹ごし豆腐……1丁
チンゲンサイ……2束

A
- 鶏ガラスープ＊……300mℓ
- しょうが(みじん切り)……小さじ2
- ごま油……小さじ1
- 赤唐がらし(小口切り)……1～2本分
- 塩……小さじ1弱
- オイスターソース……小さじ1
- 酒……大さじ1
- 砂糖……小さじ1/2
- 片栗粉……大さじ1

塩……少々
片栗粉……大さじ3
揚げ油……適量

1 カキはざるに入れ、塩をふり混ぜ、水で洗って水けをきる。
2 豆腐はキッチンペーパーに包んで電子レンジで2分ほど加熱して水きりし、3cm角に切る。
3 チンゲンサイは3cm幅に切る。
4 1のカキに片栗粉をまぶし、中温の油で2～3分揚げる（a)。
5 Aを混ぜ合わせ、フライパンに入れて火にかける。煮立ったら3、2を順に入れ（b)、2～3分煮る。4を加えて（c）混ぜ合わせ、さらに2～3分煮る。

＊鶏ガラスープの素小さじ1を熱湯300mℓで溶いたもの。

a

b

c

トマトと牛肉のオイスターソース炒め

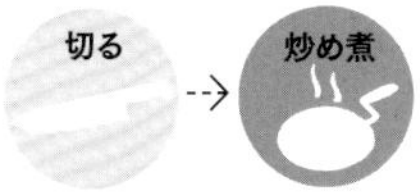

トマトを調味料的に使った炒め物です。トマトはうまみ成分のグルタミン酸を含んでいるので実際に味に深みが出ます。夏は完熟トマトで作ってください！　年中変わらず味の濃いミニトマトでも OK です。

材料・4人分

牛肉……200g
トマト……2個
玉ねぎ……1個
にんにく（みじん切り）……小さじ1
しょうが（みじん切り）……小さじ1
A
- 鶏ガラスープ＊……1カップ
- しょうゆ……大さじ1
- オイスターソース……大さじ1/2

サラダ油……大さじ1強
片栗粉……大さじ2
塩……適量
こしょう……少々

1 牛肉は一口大に切り、塩少々をふって片栗粉をまぶす（a）。トマトはヘタを取り、一口大に切る。玉ねぎは5㎜幅のくし形に切る。

2 Aを混ぜ合わせる。

3 フライパンに油とにんにく、しょうがを入れて火にかけ、香りが出てきたら牛肉を入れて炒める。肉の色が変わってきたら玉ねぎを加えて炒め合わせ、全体に油が回ってきたらトマトを加えて（b）炒め合わせる。2を入れ（c）、トマトがくずれるくらいまで7～8分煮て、塩、こしょうで味を調える。

＊鶏ガラスープの素小さじ1を熱湯1カップで溶いたもの。

a

b

c

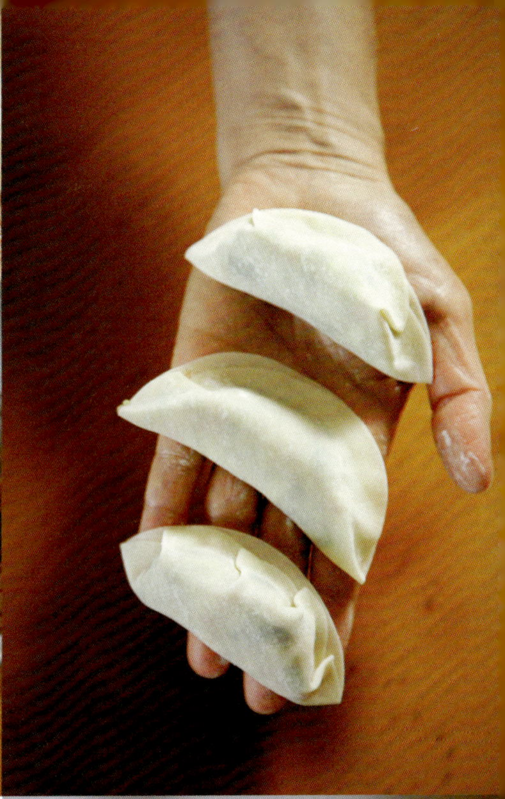

焼きギョーザ

作り方 P.86

キャベツ、白菜、にら……。
驚くほど野菜が入る
ギョーザです。ギョーザの皮に
タネをのせて包みますが、
ひだが上手に寄せられなければ
ペタンと半月形に閉じてもOK。
肝心なのは焼き方です。
並べたギョーザの肩まで
熱湯を入れて蒸し焼きに
するのがポイントです。

焼きギョーザ

「野菜たっぷりのギョーザね」といえばこれ。白菜だけ、キャベツだけということもあります。大切なのは野菜の水分を絞ってから肉と混ぜること。焼く時は、熱湯をギョーザの肩まで注ぎ、水けがなくなるまで蒸し焼きにするのがコツ。仕上げに油を回し入れ、底をパリッと焼き上げます。

材料・作りやすい分量

白菜・キャベツ……各400g
にら……1束
豚ひき肉……250g
A
- 塩……少々
- サラダ油・ごま油……各大さじ1

B
- しょうが汁……大さじ1/2
- 砂糖……小さじ1/2
- しょうゆ……大さじ1
- 鶏ガラスープの素……大さじ1
- こしょう……少々

ギョーザの皮……2袋
塩……小さじ1
サラダ油……適量
酢じょうゆ・ラー油……各適宜

1 白菜、キャベツは細かく刻み、塩をふりかけてしっかりもむ。
2 にらは1cm幅に切る。
3 ボウルにひき肉を入れ、Aを加えて粘りが出るまでよく練り混ぜる。ここに1をおにぎりをにぎる要領でギュッとにぎって水けを絞り、加える（a）。2、Bも加えてさらに練り混ぜる。
4 ギョーザの皮に3を大さじ1ほどのせ、片ひだを寄せながら半月形に包む（b）。
5 フライパンにサラダ油大さじ1をひき、4を端からきっちり並べ、熱湯を肩まで注ぐ（c）。ふたをして強火で湯がなくなるまで蒸し焼きにする。ぱちぱちと音がしてきたらふたを取り、サラダ油大さじ1をフライパンの縁からぐるっとかけ、こんがりと焼き色がついたら器に取り出す。酢じょうゆ、ラー油など好みの味で食べる。

a

b

c

男子も喜ぶ ガッツリ系ごちそうレシピ

若い人からお父さん世代まで
年齢にかかわらず、男子はやっぱり肉が好き。
でも肉には野菜が必要です。
うちのごちそう料理はどれも野菜の魅力満載。
「野菜ってこんなにおいしかったんだ」と
言わせてしまうレシピぞろいです。

ラムチョップのパン粉焼き

作り方 P.90

**パセリとにんにくは香りづけ、
パン粉はカリッと焼き上げるため。
外側は香ばしく、中は赤みが残るくらいが
ジャストな焼き加減。**

鯛とじゃがいもの ブイヤベース風

作り方 P.91

鯛のアラとじゃがいもだけ。
骨つきだからこそ、いいスープが出ます。
スープを煮含めたじゃがいもが、またうまし！

ラムチョップのパン粉焼き

下ごしらえ → 焼く

子羊の骨つき背肉がラムチョップ。味がある部位ですが、クセがあるので強い香りをぶつけてうまみを引き出すのがコツ。パセリをたっぷり刻み、みじん切りにしたにんにく、オリーブ油とともにラムチョップにもみ込んでからパン粉をつけて。オリーブ油をふりかけてからつけるとパン粉がはがれにくく、カリッと焼き上がります。山もりのフレッシュ葉野菜とともに盛りつけて！

材料・4人分

ラムチョップ……8本
にんにく（みじん切り）……2かけ分
パセリ（みじん切り）……大さじ3〜4
塩・こしょう……各少々
オリーブ油……80mℓ
パン粉……1カップ
レモン・ベビーリーフなどの
　サラダ用葉野菜・オリーブ……各適量

1 ラムチョップは室温に戻すか、電子レンジで軽く温め、塩、こしょうをすり込み、にんにく、パセリ、1/2量のオリーブ油をふりかけて（a）もみ込み、20分ほどおいて味をなじませる。
2 1のラムチョップにパン粉を軽く押しつけるようにしてつける。
3 フライパンに残りのオリーブ油を熱し、2のラムチョップを入れ、両面香ばしく揚げ焼きにする。
4 器に葉野菜をたっぷりと3を盛り、くし形に切ったレモン、オリーブを添える。

「パン粉焼きのオリーブ油とレモンがシンプルなドレッシング代わりになるので葉野菜はたっぷり盛り合わせてね！」

a

鯛とじゃがいものブイヤベース風

シンプルながら究極の味！　骨つき魚のチカラってすごいと感動します。しかもアラでOKとは。ただし、アラは鯛を使ってください。おいしく作るポイントは、アラに強めの塩をし、少しおくこと。余分な水けをきり、オリーブ油で下焼きしてから煮ること。アラを入れたら水ではなく、熱湯を入れることも大切なポイントです。いいスープが出るまで煮たら最後にじゃがいもを入れます。

材料・４人分

鯛のアラ……１尾分
じゃがいも……3個
玉ねぎ（みじん切り）……１個分
ねぎ（みじん切り）……1/2本分
にんにく（みじん切り）……大さじ1/2
オリーブ油……大さじ3
ドライシェリー酒……大さじ3
塩……適量

1 鯛のアラは水洗いして水けを取り、食べやすい大きさに切って塩大さじ１強をふって（a）５分ほどおき、水けをふき取る。

2 じゃがいもは洗ってゆでて皮をむき、半分に切る。

3 鍋にオリーブ油大さじ１を熱し、玉ねぎ、ねぎを入れて炒める。

4 フライパンに残りのオリーブ油とにんにくを入れて火にかけ、香りが立ってきたら1を皮を下にして焼きつけ（b）、シェリー酒をふり入れて両面焼き色がつくまで焼き、3の鍋に移す（c）。

5 4に熱湯をひたひたに注ぎ、煮立ったらアクを除いて火を弱め、20分ほど煮る。塩で調味し、2を加えてさらに５～６分、じゃがいもに味を含めるように煮る。

a

b

c

煮豚

作り方 P.94

30分ゆでて20分煮る。
煮汁は、ゆで汁1、しょうゆ1、紹興酒1の割合。
これが極うま煮豚を失敗なく作るコツ。

ラーメン

作り方 P.95

煮豚の日に必ず
リクエストされるのがこれ。
だから煮卵を作るのを
忘れません。
煮豚の煮汁も極上の
スープの素になります。

チャーハン

作り方 P.95

煮豚の切り落としは
ご飯と炒めて
チャーハンに。
見た目は悪いけど、
煮豚の端っこは
味がしみて
とてもいい味ですから。

煮豚

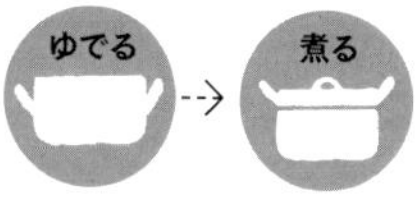

極上の煮豚は家で簡単にできます。ボリュームありのメインがほしい時に、ぜひトライを。下ゆでに約30分、煮るのに20分ほど。時間はかかりますが、鍋を火にかけておくだけですから手間なし。できれば前日に煮ておくと味もしみ、冷めていたほうが薄く切りやすい。それ以上おく場合は煮汁と煮豚を分けて冷蔵庫で保存。味が濃くなるからです。豚肉の部位は肩ロース肉かバラ肉を。多めに作りたい日は両方煮て、違う味を楽しみます。

材料・作りやすい分量

豚肩ロース（バラ肉でも）かたまり肉
……500g × 2 本
しょうが…… 2 かけ
ねぎの青い部分……2 本分
しょうゆ……1 カップ
紹興酒……1 カップ
キャベツ……適量
溶きがらし……少々

1 鍋に豚肉を入れ、ひたひたに水を注いでしょうが、ねぎの青い部分を加えて（a）火にかける。時々アクを取りながら 30 ～ 40 分ゆでる。

2 1 のゆで汁を 1 カップ取り分けて（b）別の鍋に入れ、ゆでた肉も入れる。しょうゆ、紹興酒を注ぎ入れ（c）、火にかける。時々上下を返しながら 20 分ほど煮て、そのまま煮汁につけておく。

3 キャベツをせん切りにしてたっぷり器に盛り、冷めた煮豚を薄く切って盛り合わせ、溶きがらしを添え、食べる直前に煮汁をかける。

a

b

c

ラーメン

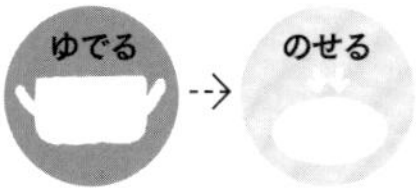

家でラーメンを作りにくいのはスープがうまくできないから？　煮豚を作れば煮汁でいいスープができます。煮豚を作る日はラーメンを食べるのがうちの決まり！　煮卵を一緒に作るのはそのためです。

材料・1人分

中華麺……1玉
煮豚（薄切り）……3～4枚
煮卵（下記）……1個
メンマ……適量
ねぎ……少々
煮豚の煮汁……70mℓ
スープ＊……300mℓ
ごま油……少々
こしょう……適宜

＊ささ身スープ（P.70）か熱湯300mℓに鶏ガラスープの素小さじ1強を溶かしたもの。

1 器に煮豚の煮汁、熱くしたスープ、ごま油を入れる。
2 表示時間通りに中華麺をゆで、水けをきって1に入れ、煮豚、半分に切った煮卵、メンマをのせ、小口切りにしたねぎを散らす。好みでこしょうをかける。

煮卵

煮豚を煮上げる最後にゆで卵を入れて少し煮、煮豚が冷めるまで一緒に入れて味をしみ込ませる。

チャーハン

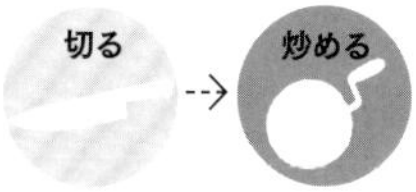

煮豚を作るとつい作ってしまうもの第二弾。味つけに煮汁を少し入れても美味。

「炒めた卵の油をご飯にまぶしつけながら焼くのよ！　こうするとご飯がパラリと仕上がります」

材料・2人分

煮豚……80g
ピーマン……2個
卵……2個
温かいご飯……2人分
しょうゆ（煮豚の煮汁でも）……大さじ1/2～1
鶏ガラスープの素……小さじ1
塩……小さじ1/2
こしょう……少々
サラダ油……大さじ2

1 煮豚、ピーマンは1cm角に切る。
2 中華なべを熱して油をなじませ、熱くなったところに溶き卵を流し入れる。1を加えて手早く混ぜ、温かいご飯を加えて上からたたくようにして鍋肌に広げ、焼きつけながら卵となじませる。
3 塩、こしょう、スープの素を加え、鍋肌からしょうゆを回し入れ、ざっと炒める。

和風ローストビーフ

作り方 P.98

オーブンいらず、フライパンで焼いて
割りじょうゆに漬け込む和風味のローストビーフ。
簡単なのに、老若男女、だれもが喜ぶごちそう料理です。
野菜をたっぷり盛り合わせましょう！

「牛もも肉は丸みのあるかたまり肉を選んでください。平たい肉だと火が入り過ぎてしまうからね！」

玉ねぎのタレ煮

肉のうまみが移ったローストビーフの
漬けダレを野菜の煮物の
調味料として活用。
玉ねぎ1個を1㎝幅のくし形に切り、
ローストビーフのタレ150㎖で
6〜7分煮るだけ。
じゃがいもや、豆腐などを煮ても。
ご飯に合う小さなおかずになります。

和風ローストビーフ

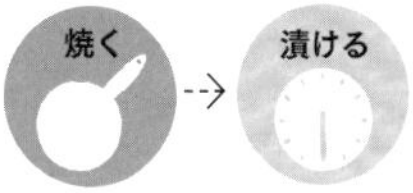

フライパンで作るローストビーフ。肉を上手に焼くには、まず冷蔵庫から出したての冷たいままで焼かないこと。常温に戻し、固まった脂肪がほどける頃合いで焼きます。そして塩は多めにふってもみ込み、ここで下味をしっかりつけること。肉の表面全体に焼き色がつくまでしっかり焼いたら、しょうゆを同量のだしと酒で割って煮立てた中に入れて火を止めます。できれば一晩漬け込むと味が落ち着きます。

材料・作りやすい分量

牛ももかたまり肉……800g
塩……小さじ1
こしょう……少々
A だし＊……150mℓ
　しょうゆ……150mℓ
　酒……150mℓ
サラダ油……大さじ1
ブロッコリー・ミニトマト……各適量
マスタード・練りわさび……各適宜

＊粉だし（P.99）を使う場合は熱湯155mℓにカツオ節の粉だし大さじ1をふり入れ、粉だしが沈んだらこし器でこしとる。

1 牛肉は常温に戻すか、急ぐ時は電子レンジで2～3分加熱してほんのり温め、フライパンの大きさに合わせて2～3等分に切り分ける。全体に塩、こしょうをふって（a）よくもみ込む。

2 フライパンに油を熱し、1を入れて全体に焼き色がつくまで面を返しながら焼き（b）、さらにふたをして2～3分焼く。

3 鍋にAを合わせて煮立て、2を入れて（c）火を止める。時々返しながら冷めるまで、2時間以上おく。

4 ブロッコリーは小房に分けて塩少々（分量外）を入れた湯でゆでて水けをきる。ミニトマトはヘタを取って半分に切る。以上を器に盛り合わせる。

5 3を5㎜厚さに切って4に盛り、好みでマスタードかわさびを添える。

a

b

c

お料理メモ

「だし」をめんどうがらないで！

和のだしといえばカツオ節と昆布のだしが代表的。西欧料理のベースになるブイヨンなどと違い、和のだしは実は簡単にとれるので、めんどうがらずに大いに使ってほしいと思います。ちなみに、だしの基本的なとり方は、水1ℓに、だし昆布（利尻、羅臼、日高など）20㎝角1枚を2時間ほど浸し、火にかけます。煮立つ直前に昆布を取り出し、火を止めて、削り節約40gを入れ、4分ほどおいてこすだけ。
それでもめんどうと思う時は、「粉だし」を活用してみてください。よく使うのはカツオ節の「粉だし」と昆布の「粉だし」。この2種類でたいがいはOKです。

粉だしを保存するには、ふたがぴったり閉まるびんなどに、乾燥剤とともに入れて。暑い時期は冷蔵庫か、ラップで包んで冷凍庫へ。

カツオ節の「粉だし」

削り節（花ガツオでもよいが、できれば血合のないものだと万能）をミキサーか少量の場合はミルにかけて粉状に粉砕する（途中、中で削り節が動かなくなったら上下にふったり、スイッチを断続的に入れながら行うとよい）。

昆布の「粉だし」

だし昆布を2～3㎝角に切って軽く空炒りし、ミキサーかミルで粉状に粉砕する。

ともに粉状なので、お浸しや煮物、炒め物などに直接ふって味だしに。「粉だし」の粉を食感として残したくない時は、だしパックに入れて煮出すか、熱湯に粉だしをふり入れ、こし器でこすといいです。
＊1カップのだしをとる目安は、熱湯1 1/2カップにカツオ節の「粉だし」大さじ1弱と昆布の「粉だし」少々を入れ、しばらくおいてこし器でこしとる。

カツオだしだけを少量使えばいい時は、削り節粉（P. 19）を使うか、熱湯に削り節を入れてしばらくおき、こし器でこしてもOKです。

人気のビールのつまみ

お客さまの時だけでなく、お父さんの晩酌などにも出してあげると喜ばれるビールのつまみを４つご紹介。ささっと作れるものばかりですが、味や香りにちょっとしたパンチをきかせると、小さなおかずがとたんにオツなつまみになるから不思議です。

アサリのにんにく炒め
作り方 P.102

砂肝とピーマンのレモン炒め
作り方 P.102

軟骨のから揚げ
作り方 P.103

手羽先のエビ詰め

作り方 P.103

砂肝とピーマンのレモン炒め

切る → 炒める

コリコリした歯ごたえの砂肝とシャキッとしたピーマンを、レモンでさわやかに炒めます。しょうがで香り出しした油で砂肝を炒めたら、酒をたっぷり入れて汁けがなくなるまで炒めるのがコツ。レモン汁は最後に。加えたら火を止めるくらいで酸味を残します。

材料・4人分

砂肝……300g
ピーマン……4個
しょうが（みじん切り）……小さじ1/2
酒……大さじ3
しょうゆ……大さじ2
鶏ガラスープの素……小さじ1
レモン……1個
こしょう……少々
サラダ油……大さじ1

1 砂肝は塩（分量外）をふってもみ、水で洗って水けをきり、かたい部分をそいで半分に切る。
2 ピーマンは一口大に切る。
3 フライパンに油を熱し、しょうがを入れて炒める。香りが立ってきたら1を入れてゆっくり炒める。酒を加えて強火で炒め、汁けがなくなってきたらしょうゆ、鶏ガラスープの素を加える。
4 3に2を加え、さっと炒め合わせ、仕上げにレモンを絞り入れ（a）、こしょうを加えてひと混ぜする。

a

アサリのにんにく炒め

炒める

アサリの酒蒸し風ですが、酒の代わりに紹興酒を使うとひと味違います。万能ねぎは彩りではなく、大切な香りづけ。アサリの口が開いたら最後に散らして火を止めます。

材料・4人分

アサリ（殻つき）……500g
にんにく……1かけ
万能ねぎ……4〜5本
しょうゆ……大さじ1/2
紹興酒……大さじ2
鶏ガラスープの素……小さじ1
サラダ油……大さじ2

1 アサリは殻をこすり合わせて洗い、水けをきる。にんにくは皮をむいて包丁の腹でつぶす。万能ねぎは小口切りにする。
2 フライパンに油と1のにんにくを入れて火にかけ、にんにくが色づいてきたらアサリを入れ（a）、しょうゆ、紹興酒、鶏ガラスープの素を加えてふたをする。
3 アサリの口が開いたら万能ねぎを散らし、火を止める。

a

軟骨のから揚げ

下ごしらえ → 揚げる

鶏のから揚げを作る時に軟骨も揚げて合い盛りにするのが最近のうちのブーム。軟骨のほうがよく出るので、いっそのこと軟骨だけ揚げてみようと。カリカリ、コリコリの歯ごたえを楽しみながら、おつまみにも最高と評判です。

材料・4～6人分

鶏の軟骨……600g

A
- にんにく（すりおろし）……小さじ1
- しょうが（すりおろし）……小さじ1
- 卵……2個
- 砂糖……小さじ1弱
- しょうゆ……大さじ2
- ごま油……大さじ1/2
- 鶏ガラスープの素……小さじ1
- 塩・こしょう……各少々

片栗粉……大さじ6～7

揚げ油……適量

レモン……1個

1 ボウルに鶏の軟骨を入れ、Aを加えて全体をよく混ぜ合わせる（a）。

2 1に片栗粉をふり入れて混ぜ合わせ、30分ほどおいて味をしみ込ませる。

3 ころもをからめながら170℃の揚げ油に入れる。弱めの中火で時々、菜箸で返しながら2～3分揚げ、最後に強火にして1分ほど揚げ、表面をカリッとさせて油をきる。レモンを添える。

a

手羽先のエビ詰め

下ごしらえ → 揚げる

ひと頃、居酒屋のおつまみで手羽先ギョーザなるものが、はやりました。最初は「エッ！」と驚きましたが、これはこれでうまし！　じゃあ、豚ひき肉の代わりにエビを詰めたらどうだろうと作ってみたらイケました！　紹興酒をきかせるのが味の秘訣。

材料・4人分

手羽先……8本

A
- しょうゆ……大さじ1
- 紹興酒……大さじ1

エビ（ブラックタイガー）……150g

B
- 塩・こしょう・紹興酒……各少々
- 鶏ガラスープの素……小さじ1/2

片栗粉……適量

揚げ油……適量

レモン……1個

1 手羽先は関節の部分に包丁を入れ、先の部分は切り落とし、Aをふってもみ込み、しばらくおく。

2 エビは殻と背ワタを取ってそぎ切りにしてBで下味をつけ、片栗粉大さじ2をまぶし、熱湯で色が変わるまでゆでる。

3 手羽先の口の広い部分から骨に沿って指を差し入れ、骨から肉を離して袋状にし（a）、2のエビを詰める。

4 3をバットなどに並べ、片栗粉1/2カップをふってまぶし、170～180℃の油で揚げて油をきり、器に盛ってレモンを添える。

a

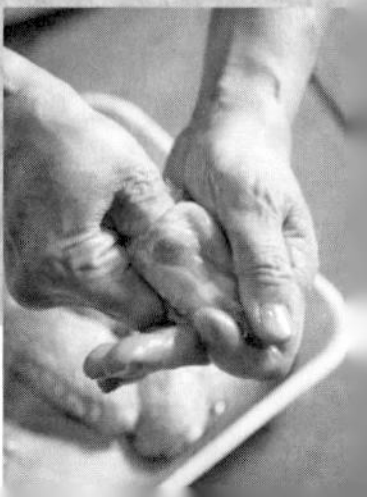

ビーフストロガノフ

作り方 P.106

きのこをたくさん入れた特製です。
粉をつけた牛肉を、多めのバターで香りよく炒めるのがポイント。粉をつけるのは牛肉のうまみを封じ込めるのと、とろみづけのため。ご飯にもパンにも合います！

c

d

e

f

ビーフストロガノフ

牛もも肉の薄切りで手軽においしく作ります。きのこをたっぷり入れた秋バージョン。トマトは缶詰を使いましたが、完熟トマトがどっさりとれる夏はフレッシュトマトで。きのこに代わってズッキーニが入ります。

材料・4人分

牛もも薄切り肉……400g
玉ねぎ……大1個
しめじ……200g
トマト缶（カットタイプ）……大1缶
バター……30g
サラダ油……大さじ2
小麦粉……大さじ3
シェリー酒……大さじ2
固形スープの素（できればビーフ）
……1個
塩・こしょう……各適量
しょうゆ……大さじ1
サワークリーム……適宜

1 牛肉は一口大に切り、塩、こしょうをふって小麦粉をまぶしつける（a)。

2 玉ねぎは3～4㎜幅の薄切りにする。しめじは石づきを切り落とす。

3 固形スープは3カップの熱湯で溶かす。

4 鍋にバターを溶かし、1の牛肉を入れて（b)、バターをからめるように炒める。色が変わったらシェリー酒をふり入れ、肉を取り出す。

5 4の鍋に油を足し、玉ねぎを炒める(c)。しんなりしたら缶詰のトマトを汁ごと加え（d)、3と塩少々を加えて5分ほど煮る。しめじを加え（e)、塩、こしょう、しょうゆで味を調える。取り出しておいた4の肉を戻し入れて(f)ひと煮し、好みでサワークリームを加える。

a

b

まったなしのご飯物・麺物

どんぶり物や麺料理の魅力のひとつは、
1品で主食、主菜、時には副菜も兼ねるところ。
時間がない時は特に心強い味方になります。
その中から、おもてなしのシメでも
リクエストが多い、定番をご紹介します。

枯れ葉丼

作り方P.110

油揚げを香ばしくカリッと焼くのが唯一のポイント!
取り合わせるのは
抜群の相性よし、じゃこと万能ねぎ。
思わずおかわりしたくなりますよ。

ハムしそ丼

作り方P.111

冷蔵庫にあるロースハムと、青じそをのせて
しょうゆをかける。
レイジーな始末ごはんと思うでしょうが、
絶妙な取り合わせです。

枯れ葉丼

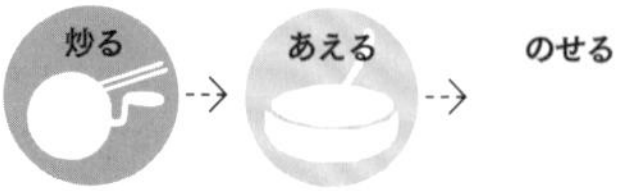

かまぼこ、油揚げなどを卵とじにした木の葉丼。安価でおいしくボリュームありの関西の知恵が産んだ庶民の秀逸丼ですが、うちでは卵さえ使わない枯れ葉丼が断然人気です。油揚げとじゃこ、万能ねぎに削り節を混ぜてしょうゆであえてご飯にのっけるだけ。ちょっとシックな色合いからのネーミングが、またいいでしょう！

材料・1人分

油揚げ……1枚
万能ねぎ……2～3本
ちりめんじゃこ……100g
削り節……2g
しょうゆ……少々
温かいご飯……1人分

1 油揚げはキッチンペーパーで余分な油を取って縦に半分に切り、さらに1cm幅に切る。万能ねぎは小口切りにする。
2 フライパンに油揚げを広げ入れ（a)、空炒りする。カリッとしてきたら、ちりめんじゃこを入れ（b)、炒り合わせ、削り節も加えて（c)、湿気を飛ばすようにして炒り上げ、ボウルに移す。
3 2に万能ねぎを加え、しょうゆをふり入れて混ぜ、器に盛ったご飯にのせる。

a

b

c

ハムしそ丼

切る --> のせる

ロースハムとしょうゆ、ふだんあまりしない組み合わせですが、とてもよく合います。手巻きずしというほどのことはないのですが、ごはんにハムをのせて箸でくるりと巻き、しょうゆを少し垂らして食べた経験、ありませんか？　さわやかな香りをプラスしたいと、青じそを添えました。超簡単などんぶり物ですが、おすすめしたい**1**品です。

材料・1人分

ロースハム……4枚
青じそ……4枚
しょうゆ……少々
温かいご飯……1人分
しば漬け……適宜

1 ハムは半分に切る。
2 青じそも縦半分に切る。
3 ご飯を器に盛り、ハムと青じそを交互に並べてのせ、しょうゆをかける。好みで細かく刻んだしば漬けを添える。

ウナ玉丼 作り方 P.114

ウナギのかば焼き1串で
4人分できる、ワザありの満足全開のウナ玉丼です。

鯛とろろご飯 作り方 P.115

鯛のお刺身がお買い得！なんて時は
ぜひ作ってみてください。
おもてなしのシメにも喜ばれます。

ウナ玉丼

少ない量でウナギのかば焼きを堪能できるどんぶり物がこれ。ふわっととじた卵はウナギのかば焼きの香りでいっぱい。煮汁が混ざったご飯がまた魅力的です。細く切ったかば焼きを酒炒りするところにワザあり。最後に刻んだ三つ葉も入れます。だしを混ぜた溶き卵をフライパンにジャっと広げ、半熟になってきたら準備しておいたウナギを加えて大きくかき混ぜて終了です。材料を分けて、2人分ずつ作ってください。

材料・4人分

ウナギのかば焼き……1串
三つ葉……1束
卵……8個
塩……少々
だし＊……1/2カップ
酒……60mℓ
しょうゆ……大さじ1
サラダ油……大さじ1
温かいご飯……4人分
さんしょう……適宜

1 ウナギのかば焼きは串を抜き、1cm幅に切る。三つ葉は1cm長さに切る。
2 卵は溶いて塩、だしを混ぜる。
3 鍋に酒、しょうゆと1のかば焼きを入れて火にかけ（a)、煮立ったら三つ葉を加えて火を止める。
4 フライパンに油をひき、火にかけて2を流し入れる（b)。半熟状態になったら3を加えて軽く混ぜ（c)、器に盛ったご飯の上にのせ、好みでさんしょうをふる。

＊削り節粉（P. 19）5g、時間がなければ削り節5gを熱湯1/2カップ強に入れて少しおき、こし器でこしとる。

a

b

c

鯛とろろご飯

鯛茶漬けという名品がありますが、これはだしで割ったとろろをかけます。鯛は刺身に酒と塩をふって少しおくのがコツ。昆布じめにするとさらに美味ですが、今回は代わりに、わかめをたっぷり添えて。着席する時間がずれるとご飯がとろろで少しふやけてしまうので、別盛りがおすすめ。食べる時にめいめいかけて、混ぜながら楽しみます。

材料・2人分

鯛（刺身用）……100g
長いも……150g
わかめ（戻して）……60g
だし＊……1カップ
しょうゆ……大さじ1 1/2
塩……適量
酒……適量
温かいご飯……2人分

1 鯛は薄いそぎ切りにし、塩少々と酒小さじ1をふりかけて少しおく。
2 鍋にだし、しょうゆ、塩小さじ1/2、酒大さじ1/2を入れて煮立ったら火を止め、冷ます。
3 長いもは皮をむいてすりおろし、わかめは熱湯を回しかけてしっかり水けをきって食べやすく切る。
5 器に3を盛り（a）、1を盛り合わせて2を加えて（b）混ぜ（c）、ご飯にかけて食べる。

＊カツオ節と昆布の「粉だし」でとると手軽（P.99）。

a

b

c

ほうれん草のスープカレー

作り方 P.118

ほうれん草はそのまま煮込んでOK。
カレー粉で作るカレーです。
ふり入れる前に、
香ばしく、空炒りするのがポイント。

にらごまそうめん

作り方 P.119

そうめんをゆでた湯で豚肉とにらをゆで、
このゆで汁がかけ汁のベースに。
緑野菜をたくさん食べたい時によく作ります。

ほうれん草のスープカレー

うちの畑では春先から夏までほうれん草がとれるので、お浸しやごまよごしばかりでなくいろいろに使います。そのうちの１品がこれ。こんなに！というくらい入れても煮るとちょっとになってしまいますから恐れずにたっぷり入れてください。トマトを入れるのは味だし。夏は完熟トマトを使ってください。カレー粉は軽く空炒りして香りを出すのを忘れずに。

材料・４人分

ほうれん草……大１束
豚ひき肉……300g
玉ねぎ（みじん切り）……２個分
にんにく（みじん切り）……大さじ１
しょうが（みじん切り）……大さじ１
サラダ油……大さじ２
スープ＊……４カップ
トマト缶（カットタイプ）……大１缶
カレー粉……大さじ４
塩……小さじ１
温かいご飯……４人分

1 ほうれん草は3cm長さに切る。
2 カレー粉はフライパンで軽く空炒りする。
3 鍋に油を熱し、にんにく、しょうがを入れて炒める。香りが立ってきたら玉ねぎを加え（a）、少し色づくまでよく炒める。
4 3にひき肉を加え、肉の色が変わるまで炒め合わせる。スープ、トマトを缶汁ごと加え、2をふり入れる（b）。煮立ったら1を加え（c）、塩で調味して少しとろみがつくまで煮込む。
5 温かいご飯を器に盛り、4を注ぐ。

＊熱湯４カップに固形スープの素１個を溶いたもの。

a

b

c

にらごまそうめん

京都の料理屋さんのまかない料理からヒントを得て作っていたのを、最近さらに手軽にアレンジ。1人1束と、ふんだんににらを使うところが特徴。そして、そうめんをゆでた湯で、味だしの豚肉とにらをゆで、ゆで汁を調味してかけ汁にするという作り方もユニークでしょう！　温かいそうめんはツルツルっとのど越しもよいので、ほかの麺にはない魅力を楽しんでください。

材料・1人分

にら……1束
そうめん……2束（100g）
豚もも薄切り肉……50g
片栗粉……大さじ1
カツオ節の「粉だし」（P. 99）＊
　……小さじ2
昆布の「粉だし」（P. 99）＊……少々
砂糖……小さじ1/2
塩……少々
切りごま（右記）……大さじ1
削り節……適量
七味唐がらし……適宜

＊2つの「粉だし」の代わりに、だしの素小さじ2でもOK。

1　にらは4cm長さに切る。豚肉は一口大に切り、片栗粉をつける。

2　鍋に水1ℓを煮立て、そうめんを入れてゆでる。ゆで汁を半量残し（a）、そうめんを鍋に戻して再び火にかけ、豚肉、にらを順に入れ、「粉だし」をふり入れ（b）、塩、砂糖で調味する。器に盛り、切りごまを散らし、削り節をかけ、好みで七味唐がらしをふって食べる。

お料理メモ

切りごまはこの方法で！

ごまは香りがいのち。炒りごまであっても使う前に空炒りすると香りが違いますが、つぶすとさらに香ばしさが増します。炒ったごまをポリ袋に入れ、麺棒を転がすと簡単につぶれ、まな板にごまがつくこともないので全部使えます。

a

b

まかないから生まれた人気メニュー

スタッフと一緒に囲むお昼ごはん。時間に追われながらも腹ごしらえはしっかりしなければ、午後が続きません。作るのに時間や手間がかからず、味よく、満腹満足。これがよいまかないの条件。ここから数多くの定番が生まれましたが、その中の3品をご紹介します。

トマトスープスパゲッティ

作り方P.122

マヨチャーハン

作り方P.122

かけオムライス

作り方 P.123

トマトスープスパゲッティ

煮る・ゆでる → 合わせる

いってみればトマトソースだけのスパゲッティ。トマトソースといっても何時間も煮る、あのトマトソースではなく、トマト缶とスープでささっと作る簡単なもの。材料も作り方もとてもシンプルですが、シェリー酒とパルメザンチーズをケチらないのが味を出す秘訣です。ゆで時間の短いバーミセリで作ったら大成功の１品に。

材料・２人分

スパゲッティ（バーミセリ）……150g
トマト缶（カットタイプ）……大１缶
にんにく……２かけ
赤唐がらし……１〜２本
シェリー酒（白ワインでも）……大さじ２
固形スープの素……１個
塩……適量
オリーブ油……大さじ２
パルメザンチーズ……大さじ４

1 にんにくは包丁の腹でつぶし、赤唐がらしは半分にちぎって種を除く。
2 フライパンにオリーブ油、1を入れて火にかけ、香りが立ってきたらトマト缶、シェリー酒、固形スープを砕いて入れ、水２カップを入れて煮る。仕上げにパルメザンチーズをふり入れる（a）。
3 塩を入れた湯でバーミセリを表示通りゆで、湯をきって器に入れ、2をかけ、パルメザンチーズ（分量外）をふる。

a

マヨチャーハン

切る → 炒める

マヨネーズでご飯を炒めるチャーハンです。マヨネーズは油と卵が主原料の調味料。ですから発想の転換で、優秀な調理油と考え、炒め物に使わない手はないわけです。そこでチャーハン。作ってみてください。はまりますよ。

材料・２人分

温かいご飯……２人分
レタス……1/4 個
ハム……３枚
マヨネーズ……50g
卵……１個
塩・こしょう……各少々
しょうゆ……小さじ１

a

1 レタスは1㎝角に切り、ハムは5㎜角に切る。
2 フライパンにマヨネーズを 1/2 量入れ、ハムを入れて（a）火にかける。卵を溶いて加え、かき混ぜるように炒める（b）。
3 温かいご飯を2に加えて炒め合わせ、レタスを入れ（c）、底から混ぜるようにして炒め合わせる。塩、こしょう、残りのマヨネーズで調味し、香りづけにしょうゆをふり入れる。

b

c

かけオムライス

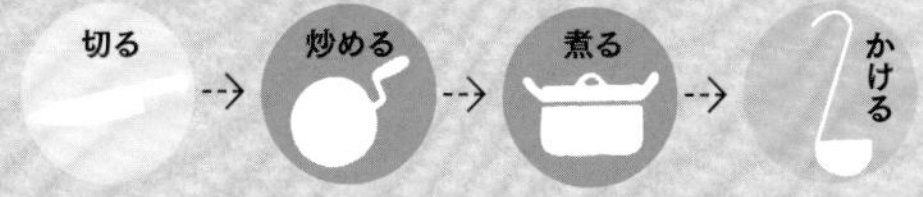

子どもばかりでなく、実はおとなも大好きなのがオムライス。でも意外に手間がかかります。チキンライスを作り、卵を焼いてかぶせ、ソースをかけるわけですから。そこでチキンライスの具をソースにして白いご飯にのせ、とろとろに焼いた卵をかぶせ、さらに同じソースをかけたところ、大好評。ご飯を炒めない分、重くないのも嬉しい。

材料・2人分

鶏もも肉……100g
玉ねぎ……1/2個
ピーマン……1個
トマト缶（カットタイプ）……大1/2缶
シェリー酒（白ワインでも）……大さじ1
しょうゆ……小さじ1
塩……1つまみ
こしょう……少々
温かいご飯……2人分
卵……4個
牛乳……大さじ2
サラダ油……適量

1 鶏肉は7～8㎜角に切る。玉ねぎはみじん切りにし、ピーマンは5㎜角に切る。
2 フライパンに油大さじ1/2を熱し、鶏肉を入れて炒める。肉の色が変わったら玉ねぎを加えてさらに炒める。玉ねぎがしんなりしたらシェリー酒をふり入れ、トマトを缶汁ごと加え、しょうゆ、塩、こしょうで調味する。最後にピーマンを加えて火が通るまで軽く煮る。
3 温かいご飯を器に盛り分ける。
4 ボウルに卵をほぐし、牛乳を加える。
5 フライパンに油大さじ1～2を熱し、4の1/2量を流す。大きくかき混ぜてフワッと焼く。3に2を適量かけ（a)、上に卵焼きをのせ（b)、さらに2をかける（c)。残りの卵液も同様に焼いて同様にご飯にかぶせて2をかける。

a

b

c

a

b

鴨ねぎうどん

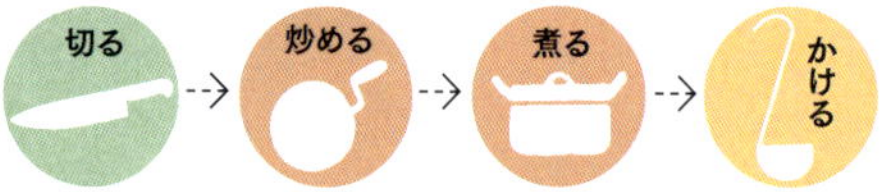

合鴨のうまみをうどんで食べます。
作り方のポイントは合鴨を炒めて脂出しし、この油脂でねぎを焼きつけて
コクをつけるところ。ねぎはたっぷり使ってください。

材料・2人分

合鴨肉……100g
ねぎ……1本
だし*……3カップ
サラダ油……大さじ 1/2
A
- 酒……大さじ 2
- 砂糖……少々
- しょうゆ……大さじ 1 1/2
- しょうが汁……小さじ 1

塩……適量
冷凍うどん……2玉
七味唐がらし……適宜

1 鴨肉は一口大の薄切りにし、ねぎは3cm長さに切って縦半分に割る。
2 フライパンに油を熱し、鴨肉を入れて塩少々をふり、炒める（a）。肉の色が変わったら、ねぎを加えて炒め合わせる。
3 鍋にだしを煮立て、2を入れる（b）。Aを加えて調味し、味が足りないようなら塩で味を調える。
4 うどんをゆでて湯をきり、器に盛り、3をかける。好みで七味唐がらしをふる。

*カツオ節と昆布の「粉だし」でとると手軽（P. 99）。

a

b

もやしとひき肉のあんかけラーメン

寒い時には特に温まるのであんかけの麺をよく作ります。
麺はうどんでもそうめんでもOK。
インスタントラーメンで手軽に作ってもおいしいですよ。

材料・2人分

もやし……1袋
豚ひき肉……80g
きくらげ（乾燥）……3g
A
- 鶏ガラスープの素……少々
- 塩・砂糖……各小さじ1強
- しょうゆ・紹興酒……各大さじ1
- ごま油……小さじ1
- 熱湯……100mℓ

しょうが（みじん切り）……小さじ1
こしょう……少々
片栗粉……大さじ1
サラダ油……大さじ1
インスタントラーメン……2人分

1 もやしはよく洗い、水けをきる。きくらげは水で戻して石づきを取り、食べやすくちぎる。
2 Aを混ぜ合わせる。
3 フライパンにサラダ油を熱し、しょうがを入れて炒める。香りが立ってきたら、ひき肉を入れて炒め、肉の色が変わったら1を加えて（a）炒め合わせる。
4 3に2を加えてひと煮立ちさせ、こしょうをふり、同量の水で溶いた片栗粉でとろみをつける（b）。
5 インスタントラーメンの麺をゆで、表示通りに作ったスープとともに器に入れ、4をかける。

index

野菜

山本麗子 Reiko Yamamoto

料理・菓子研究家。1947 年、宮城県で生まれ、4 歳から東京・大森で育つ。台湾から帰国した両親は食堂を経営し、父の得意とした中国料理に幼い頃より親しみ、食べる幸せから作ることの喜びを知る。1970 年代初頭より、日本、ヨーロッパ、アジアの各地を回り、料理・菓子作りの研鑽を積み、1979 年から自宅でお菓子教室「スウィートハート」を主宰。1994 年に長野県北御牧村（現・東御市）に移り、料理・お菓子教室へと発展。今や全国からおいしくて作りやすい元気な味を求めて生徒が集っている。
広大な敷地の中で念願のガーデニングと野菜作りに励みつつ、旅などで国の内外を飛び回る日々。テレビ、雑誌、講演などで活躍し、『101 の幸福なレシピ』『山本麗子 信州 四季のくらし 季節の味』『スウィートハートの料理教室から 何度でも作りたくなる「評判献立」』（以上、講談社）など著書多数。

撮影
中野博安

デザイン
若井裕美

企画・構成・編集
岡野純子

山本麗子印《やまもとれいこじるし》の野菜《やさい》で満腹《まんぷく》！

2014年7月30日　第1刷発行

著者　山本麗子《やまもとれいこ》
発行者　石渡孝子
発行所　株式会社　集英社
〒101－8050　東京都千代田区一ツ橋 2－5－10
電話　編集部　03（3230）6205
販売部　03（3230）6393
読者係　03（3230）6080
印刷　大日本印刷株式会社
製本　加藤製本株式会社

ISBN978-4-08-780725-7C2077